Marko Lucht, Dirk Udelhoven
101 Gründe, ohne Fußball zu leben

SERIE PIPER

Zu diesem Buch

»Fußball macht auf Dauer wahnsinnig!« Grund Nummer eins dieses erfrischenden Buches bewahrheitet sich immer wieder: versaute Wochenenden, ärgerliche Freundinnen und folglich irgendwann die soziale Isolation. Außerdem sind da viele Nuancen, die man kennt, aber oft nicht realisiert – die »Schwächen« von Andy Möller (»Mailand oder Madrid, Hauptsache Italien!«), die Stärken des ehemaligen Meister-Trainers Udo Lattek (»Aussaufen statt Auslaufen«) und der Dauerbeschuß gegen die Bayern. Ganz abgesehen von grundsätzlich kritikwürdigen Dingen wie Hallenfußball, Bestechungsskandale und Spiele gegen Österreich. Ein liebenswertes Buch über die schönste Nebensache der Welt.

Marko Lucht, geboren 1968 in Kleve, Studium der Germanistik, Geschichte und Rechtswissenschaften.
Dirk Udelhoven, geboren 1966 in Bergisch Gladbach, Studium der Theater-, Film- und Fernsehwissenschaften, Germanistik und Philosophie.
Beide leben und arbeiten als Buch- und Fernsehautoren in Köln und schreiben für viele Fernsehshows.

Marko Lucht, Dirk Udelhoven

101 Gründe, ohne Fußball zu leben

Piper München Zürich

Von dieser außergewöhnlichen Reihe liegen in der Serie Piper vor:
101 Gründe, ohne Frauen zu leben (Jens Oliver Haas; 3165)
101 Gründe, kein Fernsehen zu gucken (Jens Klocke, Laabs Kowalski; 3166)
101 Gründe, ohne Männer zu leben (Gerlis Zillgens; 3167)
101 Gründe, nicht zu studieren (Bernd Zeller; 3168)
101 Gründe, kein Auto zu fahren (Matthias Sommer, Björn Pfeffermann, SP 3169)
101 Gründe, keine Kinder zu kriegen (Stefanie Baumm; SP 3170)
101 Gründe, ohne Fußball zu leben (Marco Lucht, Dirk Udelhoven, SP 3399)
101 Gründe, kein Ossi zu sein (Bernd Zeller; SP 3512)

Ungekürzte Taschenbuchausgabe
Piper Verlag GmbH, München
1. Auflage Mai 2002
2. Auflage Juli 2002

Umschlag/Bildredaktion: Büro Hamburg
Isabel Bünermann, Julia Martinez, Charlotte Wippermann
Foto Umschlagvorderseite: Getty Images/Stone
Gesamtherstellung: Clausen & Bosse, Leck
Printed in Germany ISBN 3-492-23399-6

www.piper.de

INHALT

VORWORT

Groß war die Freude, als wir den Auftrag erhielten, dieses Buch zu schreiben. Mal gehörig über den Fußball ablästern – davon hatten wir schon als Kinder geträumt. Und das waren wunderschöne Träume.

Also ab in die Stadtbibliothek und mit etwa 30 Kilo Fußballbüchern wieder raus. Es folgten gemütliche Leseabende im Kerzenschein und wir fühlten uns wie die Könige: Schlaue Fußballbücher lesen, dann ein noch schlaueres, vor allem endlich mal witziges Buch über das Thema Fußball zu schreiben – wir hatten den besten Job der Welt!

Doch ziemlich schnell kam die Ernüchterung. Sich acht bis zehn Stunden pro Tag mit Fußball zu beschäftigen, war weitaus schlimmer, als wir je gedacht hätten. Ob man es will oder nicht, man wird automatisch zum Fachidioten, quasselt von nichts anderem mehr und geht seinen Freunden damit unheimlich auf den Wecker. An dieser Stelle ein herzlicher Dank an unsere Eltern, Marina Ibrahim, Anette Huth, Franziska Diesbach, Eberhard Bickenbach, Franz Balzuweit und André Lucht. Sie haben uns geduldig zugehört, Mut zugesprochen und die eine oder andere Idee zu diesem Werk geliefert. Und genauso wie wir festgestellt, daß die ständige Beschäftigung mit diesem Thema der Gesundheit auf Dauer sehr, sehr abträglich ist.

Mit dieser Erkenntnis war der erste Grund, ohne Fußball zu leben, auch schon gefunden:

Grund 1: Fussball macht auf Dauer wahnsinnig!

Doch es gibt noch 100 weitere ...

I. DIE VEREINE

Laut Angaben des Deutschen Fußballbundes sind etwa 6,3 Millionen Deutsche in 27.000 Fußballvereinen organisiert. Sie üben dort entweder einen aktiven Part aus oder sind zumindest passives, d.h. zahlendes Mitglied. Nur folgerichtig, daß wir uns in dem ersten Kapitel dieses Buches mit den verschiedenen Clubs beschäftigen.

Hier also die schlimmsten Vertreter des bezahlten Fußballs. Und mit ein wenig Pech ist auch Ihr Verein dabei.

Grund 2: FC Bayern München

Gute Güte, wahrlich ein Grund, nein: der Grund, ohne Fußball zu leben! Es gibt tatsächlich kaum etwas peinlicheres als einen Menschen, der sich öffentlich zu diesem Verein bekennt. Nichts ist abstoßender als ein Offizieller der Bayern in einer Fernsehsendung. Und doch hat dieser Verein die meisten Anhänger, die meisten Fanclubs, die meisten Zuschauer. Warum machen Menschen so etwas?

Die Antwort ist einfach: Der FC Bayern ist unbestritten die erfolgreichste deutsche Mannschaft der letzten gut 25 Jahre. Und leider haben Menschen die unangenehme Angewohnheit, ihr Fan-Fähnchen in den Wind zu hängen. Jeder kennt doch diese Typen, die an einem Montag morgen mit feistem Grinsen in die Firma kommen:

»Haste meine Bayern gestern abend gesehen? Toll gespielt, was!?«

»Ich dachte, du bist MSV-Fan?«

»Ach, die verlieren doch ständig.«

Hier hilft nur noch eine konzertierte Aktion gegen diesen »Kollegen«: regelmäßiges Aufschlitzen der Autoreifen, gezielte Streuung von komplett erfundenen Geschichten aus seinem Intimleben, gekonntes Verunglimpfen beim Chef und Anreicherung des Morgenkaffees mit Schlafmitteln – alles ist erlaubt, um so eine Kreatur dauerhaft zu schädigen.

Dabei gibt es doch so viele Gründe, diesen Verein abgrundtief zu hassen. Da wären zunächst einmal die Spieler. Kein anderer Club auf dieser Welt hat/hatte eine solch erschreckende Anzahl an unsympathischen Fratzen in seinem Kader wie der FC Bayern. Paul »Frieseure-Nein-danke« Breitner, »Katsche« Schwarzenbeck, »Bulle« (Mein Gott!) Roth, Michael Rummenigge, Markus »Babyface« Babbel, Christian »Scarface« Ziege, Lothar »Dummface« Matthäus, Oliver Kahn – Gestalten, denen man nachts lieber nicht begegnen würde.

Doch es geht noch schlimmer: Regelmäßig zur Oktoberfestzeit zwängen sich die ohnehin unansehnlichen Akteure in noch unansehnlichere Trachtenlederhosen. Besonders bei Ur-Bayern wie Adolfo Valencia, Jorghinho oder Sammy Kuffour ein an Lächerlichkeit nicht zu toppender Anblick und ein Fall für die UNO-Menschenrechtskommission.

Die Arroganz beim FC Bayern München hat eine lange Tradition – schon immer wollte der Club »etwas Besseres« sein. Man versuchte diesen Gedanken sogar in der Satzung zu manifestieren. Dort stand, daß (nicht lachen!) nur Mitglied werden kann, wer das Abitur gemacht hat! Wir wissen nicht, wann dieser Paragraph eingeführt wurde. Aufgehoben wurde er jedenfalls spätestens, als die Bayern Gerd »The Brain« Müller verpflichteten.

Grund 3: Borussia Dortmund

Was man wirklich überhaupt nicht mehr hören möchte, ist die fast schon verbrecherische Prahlerei über die angebliche Volksnähe des Vereins Borussia Dortmund.

Wie volksnah kann ein Verein schon sein, dessen gesamter Jahresetat 130 Millionen Mark beträgt? Der Spieler beschäftigt, die zusammen im Jahr geschätzte 50 Millionen Mark an Gehältern verschlingen? Der einen piekfeinen Rechtsanwalt zum Präsidenten hat, der Volkes Stimme höchstens vom Hörensagen kennt? Der im Jahr 1999 seinen Börsengang beschlossen hat, was den bekanntermaßen aktienbesessenen Borussen-Fans sicher die Freudentränen in die Augen trieb?

Tja, offensichtlich fällt es des Verantwortlichen nicht so schwer, diese Volksnähe den Anhängern von Borussia Dortmund glaubhaft zu verklickern. Was nicht zwingend bedeuten muß. daß alle BVB-Fans schwer einen an der Fan-Mütze haben. Nicht zwingend.

Grund 4: Bayer Leverkusen

Es ist noch gar nicht so lange her, da saß der Vorstand des Chemieriesen mit tiefen Sorgenfalten zusammen. Es war eine Krisensitzung! Nicht etwa, weil irgendein Unkraut-Ex versagt hatte oder ein Kaninchen aus dem Versuchslabor fliehen konnte. Nein, der Grund war der Zusammenbruch des Kommunismus.

Schnell war allen klar, daß Investitionen in die Leichtathletik bald sinnlos werden würden. Denn die Deutschen tolerierten bisher, daß Bayer fast jegliches Leben im Rhein tötete, wenn sie nur weiterhin dafür sorgten, daß Deutschland bei olympischen Spielen ein paar Medaillen holt. Damit verdeckten sie die Schmach, daß die Brüder im Osten, die nichts Vernünftiges im Kühlschrank hatten, einfach schneller laufen, weiter werfen und höher springen konnten.

Nun standen sie vor der Frage, was zu tun war, um von den eigenen Umweltverbrechen abzulenken. Und irgend jemand in dieser wichtigen Runde hatte eine folgenschwere Idee: Aus der Fußballmannschaft, die bisher in der zweiten Liga elendig herumkrebste, könnte man doch einen richtigen Sympathieträger machen. Dazu muß man wissen, daß die Elf bisher nur eine Aufgabe hatte: dem die ganze Woche bei Bayer malochenden Papa auch am Samstag die Möglichkeit zu geben, der Familie zu entkommen.

Also wurde ernst gemacht. Mit »Cannonball« Calmund verpflichteten sie einen Manager, der, mit den Bayer-Millionen im Rücken, Spielern Angebote machte, die sie einfach nicht ablehnen konnten. Der Brasilianer Tita nannte Calli »kleines dickes Bandito« und mußte danach in ein Zeugenschutzprogramm der FIFA übernommen werden.

Trainer gaben sich in Leverkusen die Klinke in die Hand. Richtig lustig wurde es mit Stepanovic. Calmund freute sich schon auf die Zirkusluft, die der serbische Radaubruder in die Mannschaft bringen sollte. Doch Stepi schwadronierte von katalanischer Spielkultur und brüllte kaumverständliche Obzönitäten über den Platz. Aber er war immer gut angezogen – wenn man auf Zuhälterkleidung à la Neger-Kalle steht.

Mittlerweile spielt die Mannschaft ganz anständigen Fußball. Aber ins Stadion gehen will immer noch keiner. Also wird wieder über neue Ideen gebrütet. Und die ersten Vorschläge sind schon an die Öffentlichkeit gekommen: Mitarbeiter, die sich nicht regelmäßig im Stadion sehen lassen, werden nach einmaliger Abmahnung fristlos entlassen. Desweiteren sollen die Zuschauer an den Siegprämien der Spieler beteiligt werden. Ob's hilft?

Grund 5: Borussia Mönchengladbach

Auch wenn es heute kaum noch einer glaubt: Es war wie im Kalten Krieg. Auf der einen Seite Bayern München, die ganz Deutschland zeigen wollten, daß alles käuflich ist. Münchner halt. Auf der anderen Seite die Borussia aus Mönchengladbach. Über dem Bökelberg schwebte der Geist des Guten. Es war schon »politisch korrekt« Fohlenfan zu sein, bevor es den Begriff überhaupt gab.

Das ist die eine Seite des Vereins, die andere ist dessen unglaublicher Geiz. Immer wurde gejammert, man habe kein Geld. Haste mal 'ne Mark? Trotzdem wurde der damalige russische Weltstar Igor Belanow unter großem Tamtam an den Niederrhein geholt. Hier wurde er dann aber vom Verein kurzgehalten. Er wurde so schlecht bezahlt, daß schon alleine aus körperlichen Gründen seine Qualität nur selten aufblitze. In dieser Not sah Belanows Frau keinen anderen Ausweg mehr, als die Haushaltskasse mit Ladendiebstählen aufzubessern. Leider war sie nicht besonders geschickt und wurde schnell erwischt.

Aber dann wurde Rolf Rüssmann Manager am Bökelberg, und eine andere Ära begann. Statt wie früher Spieler abzugeben, um zu sparen, wurden Stars wie Effenberg geholt. Kein Jammern mehr, stattdessen neigte Rüssmann stark dazu zu prahlen, wieviel Geld ein Spieler wie Effenberg verdient. Schnell wollten dann auch die anderen Spieler mehr Geld. Und als es dann selbst einem Weichei wie Pflippsen gelungen war, ein höheres Gehalt auszuhandeln, war auch dem letztem im Verein klar, daß man etwas ändern mußte.

Jetzt sind die Borussen in der Zweiten Liga gelandet und finden wieder zu ihren Wurzeln zurück. Den Neuaufbau soll Trainer Hans Meyer leiten. Der selbsternannte »Udo Lattek des Ostens« behauptet von sich selbst gerne, »von Haus aus Kommunist« zu sein. Na, dann kann's ja wieder aufwärts gehen.

Grund 6: 1. FC Köln

Eine der bedauernswertesten Spezies auf diesem Planeten sind die Fans des 1. FC Köln. Lernt man so einen Menschen kennen, beschleicht einen meist ein seltsames Gefühl: eine Mischung aus Abscheu, grenzenloser Verachtung und ehrlich gemeintem Mitleid – mit einem Wort: Toleranz.

Man sollte lernen, die Anhänger des 1. FC Köln zu tolerieren, zu ertragen. Durch eine Laune Mutter Naturs tragen sie ein Gen in sich, das es ihnen ermöglicht, unendlich viel Leidensfähigkeit an den Tag zu legen. Und weiß Gott: Dieses Gen brauchen sie nötiger als jedes andere Lebewesen.

Dabei wollen wir gar nicht von solchen Kleinigkeiten reden wie den verschwundenen 16 Millionen aus dem Häßler-Transfer, der urplötzlichen Entlassung des seinerzeit erfolgreichen Christoph Daum oder der Verpflichtung von Kommunikationsgenie Bernd Schuster als »Trainer«. So etwas ist der gemeine FC-Fan gewohnt und außerdem: »Et hätt noch immer jotjejange!«

Doch wie kommt ein Verein auf die Idee, sich das so ziemlich dümmste Tier der Welt zum Maskottchen zu nehmen: Einen Geißbock! Andere Clubs haben furchteinflößende Wölfe oder Löwen, doch der FC bevorzugt eine klapprige, alte Ziege. Das lächerliche Tier mit dem Namen Hennes darf zudem noch bei jedem Heimspiel dabei sein und die Tartanbahn vollscheißen, was zugegebenermaßen zur Verwirklichung eines alten Traumes führen könnte: Einmal, nur einmal wollen wir sehen, wie Lothar Matthäus nach einem langen Sprint über die Seitenauslinie rutscht und mit dem Gesicht zielgenau ... Na ja, wir hoffen weiter!

Doch nicht nur mit dem Wappentier macht sich dieser Verein zur Lachnummer der Fußballnation. Mit wieviel Eifer und Herzblut die Spieler bei der Sache sind, zeigt die kleine Episode aus dem kurzen Bundesligadasein des Marcell Fensch. Als der Reservist endlich einmal eingewechselt werden sollte, hatte er prompt vergessen, sich ein Trikot anzuziehen. Clever!

Ach ja: War jemand schon mal im »Geißbockheim«, dem Vereinslokal des 1. FC Köln? Nein? Wir schon, auf der Suche nach ein paar scharfen Spielerfrauen! Doch was uns dort erwartete waren eher die Spielermütter. Vielleicht sollte der FC eine Umbenennung in »Greisbockheim« in Erwägung ziehen.

Grund 7: FC Schalke 04

Wir, die Autoren, befinden uns in einer unangenehmen Zwickmühle: Einerseits sollten wir auch über den FC Schalke 04 gewohnt objektiv berichten, andererseits ist unser Verleger ein fast schon fanatischer Anhänger des Ruhrpott-Clubs. »Wenn ihr wollt, daß euer Buch gedruckt wird, dann schreibt bloß nichts Schlechtes über Schalke!« Über Wochen verfolgte uns dieser Satz. Nächtelang lagen wir wach und zerbrachen uns den Kopf. Wie hätte Hemingway in einer solchen Situation reagiert, wie Sartre? Hätte Thomas Mann sich von seinem Verleger so dermaßen einengen lassen? Nein, hätte er nicht! Thomas Mann hätte seine Leser schonungslos über den FC Schalke aufgeklärt. Und genau das tun wir jetzt auch.

Schon die Fans dieses Vereins sind ein Beweis dafür, daß ein einzelner Mensch vielleicht noch halbwegs intelligent ist, die Masse aber erschreckend dumm. Wie sonst ist es zu erklären, daß sogar beim Mannschaftstraining das riesige Parkstadion regelmäßig zu einem Drittel gefüllt ist? Natürlich: Arbeitslose haben vor allem viel Zeit, aber vielleicht wäre es doch angebracht, diese besser zu nutzen. Wir empfehlen: Schreiben lernen und Bewerbungen abschicken.

Sozusagen ein Schalker Urgewächs ist Olaf Thon. Früher lagen wir bei Interviews mit dem kleinen Kerl vor Lachen auf dem Boden, denn Thon konnte keinen Satz geradeaus sprechen und war im Grunde der männliche Vorläufer von Verona Feldbusch. Sechs, sieben Rhetorikkurse später kommt Olaf jetzt als Fußballprofessor daher, doch der äußerst kleine Wortschatz ist geblieben und seine Gefasel ist nicht weniger peinlich als vorher.

Die größten Erfolge feierte Schalke vor allem in den Jahren vor dem zweiten Weltkrieg. Der Verein war hervorragend organisiert und sogar im Merchandising-Bereich wurden die ersten kleinen Schritte unternommen. Man produzierte beispielsweise

Kinderspielzeug, den sogenannten Schalker Kreisel, der aber leider wie Blei in den Regalen liegen blieb.

Auch Schalkes Spieler schreckten vor außergewöhnlichen Einfällen nicht zurück. Anfang der Siebziger versuchten Rüßmann, Fischer & Co. ihr sicher kärgliches Gehalt dadurch aufzubessern, daß man Gegnern anbot, gegen einen gewissen Obolus anstehende Spiele zu verlieren. Eine tolle Idee, die in einem späteren Grund wieder aufgegriffen wird.

Grund 8: Die grauen Mäuse

... nannte man früher einmal diejenigen Mannschaften, die unter normalen Bedingungen niemals in den Kampf um die Meisterschaft eingreifen konnten: MSV Duisburg, VfL Bochum und die SG Wattenscheid waren solche Vereine.

Natürlich gibt es diese Sorte Klubs auch heute noch in der Liga. Infolge intensiver Vermarktung hat sich ihr Image verändert. Natürlich werden sie, wenn alles mit rechten Dingen zugeht, immer noch nicht Deutscher Meister. Aber graue Mäuse können sich die Fernsehsender, die viel Geld für die Übertragungsrechte zahlen, heutzutage nicht mehr leisten.

Deshalb stülpt man diesen immer noch langweiligen Vereinen einfach ein neues Image über, ohne daß sie sich dagegen wehren können. So wird aus dem besseren Studentenclub SC Freiburg plötzlich der Verein der Breisgau-Brasilianer.

Als 1999 der SpVgg. Unterhaching mit furchtbar langweiligem Defensivfußball der sensationelle Aufstieg in die Bundesliga gelang, standen den Sportredaktionen Deutschlands natürlich die Haare zu Berge. Aber dann kam das DSF auf die glorreiche Idee, wöchentlich fünfminütige Folgen einer Art Doku-Soap aus dem kleinen Ort am Rande von München auszustrahlen. Nicht, daß der Fußball dort dadurch besser geworden wäre, aber Unterhaching ist zumindest auf eine Art zum Ereignis geworden.

Grund 9: Die Ostclubs

Die mit Abstand schlimmste Folge der deutschen Einheit war, daß seitdem die ostdeutschen Fußballvereine in der ersten und zweiten Bundesliga mitkicken dürfen. Fuhr man früher zu Auswärtsspielen in schöne westdeutsche Städte, muß man jetzt in so grausige Kloaken wie Rostock, Cottbus und Chemnitz reisen. Üblicherweise ist es in Dunkeldeutschland während des Jahres lausig kalt, so daß neben einem selbst auch die Spieler der eigenen Mannschaft verkrampfen. So tritt man die 600 km lange Heimreise nicht nur mit Erfrierungen dritten Grades, sondern mitunter auch noch ohne Punkte an. Zum Glück sind die meisten der Ostvereine mittlerweile in Regional- und Oberligen abgestiegen. Bald werden auch die letzten Vertreter aus dem Profifußball verschwunden sein und alles geht wieder seinen geordneten Gang.

Ja, es stimmt wirklich: Früher war alles besser. Da war die DDR noch DDR, und Wismut Aue, Stahl Eisenhüttenstadt und Lokomotive Leipzig – Namen wie in Plaste und Elaste gemeißelt – spielten dort, wo sie hingehörten. Und im Staat der Planwirtschaft gab es auch im Fußball eine gewisse Planungssicherheit: Meister wurde in der Regel der symphathische Stasi-Club Dynamo Berlin. Gewann ausnahmsweise der Ableger Dynamo Dresden die wichtige Ossi-Meisterschaft, wurden die besten Spieler dynamisch nach Berlin transferiert.

Schön ist allerdings, wie offen die Ostdeutschen mit allem Neuen umgehen. Kaum betreten dunkelhäutige Kicker die Spielfelder, werden sie freundlich in ihrer Landessprache (»Uuuh, Uuuh, Uuuh!«) begrüßt und mit Bananen noch während der laufenden Partie eingedeckt.

II. DIE STARS AUF'M PLATZ

Wichtig ist auf'm Platz. Dieser sprachlich ausgefeilte Satz stammt von Otto Rehhagel, Sepp Herberger oder sonstwem. Aber natürlich hat der Erfinder dieses Ausspruches recht: Sobald der Schiedsrichter anpfeift, ist das ganze Vorgeplänkel Makulatur; jetzt kommt's drauf an. Meist sorgen die charismatischen Superstars dafür, daß das Spiel in die eine oder andere Richtung kippt. Und zum Glück haben wir in Deutschland eine ganze Menge dieser cleveren Kerlchen, die nicht nur auf dem Spielfeld, sondern auch abseits davon auffallen. Selbstverständlich nur positiv.

GRUND 10: FRANZ BECKENBAUER, ZUM ERSTEN

Pssst, bitte leise eintreten! Wir haben großes Glück, einem geschichtsträchtigen Moment beizuwohnen: Dem lange erwarteten Prozeß gegen Franz Beckenbauer, der sich verschiedener Anklagepunkte erwehren muß. Der Saal ist gut gefüllt, trotzdem haben wir es geschafft, einen Platz für Sie freizuhalten. Soeben hat der Vorsitzende Richter die Befragung zur Person abgeschlossen. Als nächstes wird der Staatsanwalt die Anklage vortragen. Und Sie haben das Vergnügen, live dabei – Hoppla, es geht schon weiter.

Richter
Herr Beckenbauer, ich sehe, daß Sie keinen Rechtsanwalt an Ihrer Seite haben. Kann ich davon ausgehen, daß Sie sich vor diesem Gericht selbst vertreten?
Beckenbauer
Freilich! Ich brauch keinen depperten Anwalt, ich war doch früher selbst als Spieler ein Verteidiger!
Staatsanwalt
Herr Beckenbauer, Sie liefern mir das Stichwort: Beginnen wir mit Ihrer Zeit als aktiver Spieler. Zweifelsohne haben Sie auf diesem Gebiet einiges an Erfolgen vorzuweisen.

Beckenbauer schaut selbstverliebt in den Saal.

Beckenbauer

Des können's laut sagen! Schließlich bin ich eine Lichtgestalt!

Staatsanwalt

Obwohl Sie als Spieler sehr erfolgreich waren, haben Sie doch dem deutschen Fußball dauerhaften Schaden zugefügt!

Ein leises Raunen geht durch den Saal.

Beckenbauer

(verwirrt) Was? Was hab ich g'macht?

Staatsanwalt

Ihre Interpretation des Liberospiels hat Tausende von Jugendlichen inspiriert, jeder wollte Ihren Stil kopieren. Das hat dazu geführt, daß in Deutschland Unmengen von Liberos heranwuchsen – Ihre Schuld, Herr Beckenbauer!

Die Unruhe im Saal nimmt zu.

Beckenbauer

(etwas lauter) Meine Schuld? Was soll denn der Schmarrn? Von guten Liberos kann man doch nie genug haben! Und –

Der Staatsanwalt fällt ihm triumphierend ins Wort.

Staatsanwalt

Falsch, Herr Beckenbauer, völlig falsch! Gerade Sie sollten sich doch auskennen: Der Fußball von heute kommt ohne den Libero aus! Andere Nationen spielen modernere Systeme, beispielsweise die Viererkette, und laufen uns damit den Rang ab. Der deutsche Fußball versinkt im Nichts und (zeigt mit dem Finger auf Beckenbauer) Sie tragen die Verantwortung!

Die Zuschauer im Saal johlen und klatschen, die ersten Sitzkissen fliegen in die Richtung Beckenbauers. Der ist aufgesprungen und droht dem Staatsanwalt mit seiner Faust.

Beckenbauer

(erregt) Hörn's auf damit! Ich bin eine Lichtgestalt!

Der Richter klopft mit seinem Hammer, um die Ordnung wieder herzustellen, aber weder die Zuschauer noch Beckenbauer sind zu beruhigen.

Richter
Ich unterbreche die Verhandlung, bis sich die Gemüter wieder beruhigt haben.

Hört, hört, das sieht bisher nicht so gut aus für Franz Beckenbauer. Man darf gespannt sein, was der Staatsanwalt noch alles in Petto hat. In ein paar Seiten geht's weiter.

Grund 11: Stefan Effenberg

Wenn man die Aufgabe hat, sich über den Fußballspieler Stefan Effenberg Gedanken zu machen, gibt es die Möglichkeit, von zwei Fragestellungen auszugehen.

Die erste lautet: Was hat Stefan Effenberg bisher in seiner Laufbahn erreicht? Die Antwort auf diese Frage fällt zum einen nicht besonders üppig aus, zum anderen ist sie furchtbar langweilig.

Die zweite Variante: Was konnte Stefan Effenberg in seiner Karriere bislang zerstören? Das ergibt schon sehr viel mehr Lesestoff und hört sich wesentlich interessanter an!

Seine ersten Profijahre verbrachte Effenberg bei Borussia Mönchengladbach. Auch Zerstören will gelernt sein, und so begnügte er sich mit kleinen Eskapaden wie dem Diebstahl des Geländewagens von Trainer Wolf Werner. Gut, daß Effenberg sich noch rechtzeitig besann und das Fahrzeug wieder zurückgab. Aber die Karre war ohnehin im Morast steckengeblieben.

Lehrjahre sind keine Herrenjahre: 1990 verließ er die Borussen, ohne dem Club einen größeren Schaden zugefügt zu haben. »Aber ich komme wieder!« war das letzte, was man von ihm hörte …

Bayern München war sein nächster Verein. Ein großer und harter Brocken, aber der mutige Blondschopf fühlte sich bereits stark genug, den Verein ins Trudeln zu bringen. Und Effenberg ging in die Vollen! Seinen Trainer Jupp Heynckes forderte er gar zu einer Prügelei heraus (»Wenn Sie was von mir wollen, gehen wir raus!«)!

Vor seinem Abgang aus München sorgte er schließlich dafür, daß der Verein in den Augen der Öffentlichkeit noch ein paar Symphatiepunkte verlor: »Bayern wird Meister, weil alle anderen zu dumm sind!« Das hört der deutsche Fußballfan gerne!

Der AC Florenz war die nächste Station auf seiner ganz persönlichen Tournee. Hier machte er kurzen Prozeß: Kaum ein Jahr war Effenberg Mittelfeldregisseur des AC, schon stieg der einst ruhmreiche Verein in die zweite italienische Liga ab. Mit einem hämischen »Arrevederci!« verabschiedete sich Stefan »Conan« Effenberg wieder in Richtung ...

... Borussia Mönchengladbach! Seine Drohung von vor knapp vier Jahren war also kein leeres Gewäsch gewesen! Bei Effes zweitem Anlauf, die Borussia zu besiegen, gelang ihm sein Meisterstück. Kurzerhand und unglaublich dreist forderte er von dem armen Verein ein Jahresgehalt von 5,5 Millionen Mark. Und hatte das Glück, daß ein offensichtlich geistig umnachteter Rolf Rüßmann ihm diese Summe auch noch bezahlte. Vier lange Jahre saugte er die Borussia systematisch aus; nach seiner Flucht 1998 dauerte es folgerichtig nur noch ein Jahr, bis der Verein finanziell (und damit auch sportlich) am Boden liegend in die zweite Bundesliga stürzte.

Stefan Effenberg – The Master of Desaster!

Und jetzt ist er wieder beim FC Bayern. Na ja, was man einmal angefangen hat, muß man auch zu Ende bringen!

Grund 12: Andreas Möller

Ha! Andreas Möller! Ganze Abhandlungen, ja sogar ein Buch könnte man über die Dortmunder Heulsuse schreiben. Doch im Grunde reichen auch drei Zitate, um zu wissen, woran wir sind.

»Vom Feeling her hab ich ein gutes Gefühl.«
»Ich bin sehr selbstkritisch, vor allem mir gegenüber!«
»Mailand oder Madrid – Hauptsache Italien!«

Reicht doch, oder?

Grund 13: Mario Basler

Natürlich könnten wir es uns einfach machen und in die gleiche Kerbe schlagen, wie das ganz Deutschland tut, wenn es sich um das Thema Mario Basler dreht. Wir könnten schreiben, daß der Mario gerne mal einen oder auch mehrere über den Durst trinkt, einem kräftigen Lungenzug nicht abgeneigt ist und sehr genau weiß, daß beim Pokern der Flush ein Full House schlägt. Aber das wäre zu billig.

Reden wir lieber über die außergewöhnliche Karriere eines außergewöhnlichen Mannes. Seinen großen Durchbruch hatte Basler beim SV Werder Bremen. Unter Freund und Protegé Otto Rehhagel blühte Mario auf und wurde zum Spielgestalter des Clubs von der Weser. Rehhagel hatte nie Probleme mit dem extrovertierten Vollblutspinner. Hauptsache, die Leistung auf dem Spielfeld stimmte; ansonsten konnte Basler tun und lassen, was er wollte. Und das war Saufen, Rauchen und Zocken ... ach, darüber wollten wir doch nicht sprechen.

Anstatt mit dem Erreichten zufrieden zu sein und in Bremen eine relativ ruhige Roulettekugel ('tschuldigung) zu schieben, lockte die große, weite Fußballwelt in Gestalt des FC Bayern München. Um bei den Münchnern spielen zu können, mußte Mario regelmäßig zum Training erscheinen. Das war ja was ganz Neues! Basler war entsetzt und verwies auf die Tatsache, daß dieser Punkt nicht ausdrücklich im Vertrag erwähnt sei. Es half alles nichts: Mario mußte schuften wie die anderen auch. Während er unter Trapattoni noch häufig eingesetzt wurde, saß er unter dem Meister der Rotation, Ottmar Hitzfeld, trotz regelmäßigen Trainings auf der Ersatzbank. Unverschämtheit! Da hätte er doch gleich Saufen, Rauchen und ...

Es war eine furchtbare Zeit für den jungen Faulpelz. Doch gegen Ende des Jahres 1999 sollte sich das Schicksal für Super-Mario wieder zum Guten wenden. Aus Gründen, auf die wir hier nicht näher eingehen können, suspendierten ihn die Bayern vom Spielbetrieb. Der Weg war frei für einen Vereinswechsel, und was lag näher, als endlich zu seinem Traumverein, dem 1. FC Kaiserslautern, zu gehen, wo außerdem noch sein alter Freund Otto Rehhagel das Zepter schwang. Und nun hieß es wieder Saufen ...

Prost, Mario!

Grund 14: Oliver Bierhoff

Wer hat diese Bilder nicht noch vor Augen: Im EM-Endspiel 1996 Deutschland – Tschechien schießt Oliver Bierhoff in der 95. Minute das entscheidende 2-1 für unsere Elf. Mit diesem Treffer hat Bierhoff seinen festen Platz in den Annalen des Fußballs sicher, denn es war das erste »Golden Goal«, durch das ein Spiel entschieden wurde.

Und was war das für ein Ding! Auf seine gewohnt elegante Art nahm unser Olli die Pille an, drehte sich dermaßen schnell um die eigene Achse, daß einem schon vor dem Fernseher schwindelig wurde und zog so knallhart ab, daß die Flugbahn des Balles nur zu erahnen war. Der tschechische Torwart Kouba, ein Meister seines Faches, war bei diesem plazierten Traumschuß mehr als machtlos.

Alles Unfug! Selten wurde ein Finale, bzw. überhaupt ein Spiel, durch so ein jämmerliches Kullerschüßchen entschieden. Die arg strapazierte Floskel von der »Rückgabe zum gegnerischen Torwart« traf noch niemals so zu wie in diesem Fall.

Doch der Ball war drin, Deutschland war Europameister und Bierhoffs Aufstieg vom gelegentlichen Einwechselspieler zur festen Größe im deutschen Team nahm seinen Lauf. Vergessen war die Zeit, als der schlaksige Mittelstürmer noch in Mönchengladbach oder Uerdingen spielte und regelmäßig mit Schimpf und Schande vom Platz gejagt wurde. Denn Oliver Bierhoff hat ungefähr die Beweglichkeit eines Tiefladers, sein Aktionsradius paßt auf den sprichwörtlichen Bierdeckel und »Torschuß« ist für ihn ein Fremdwort.

Aus ungeklärten Gründen nahm ihn kurze Zeit später der italienische Club Udinese Calcio unter Vertrag. Bis heute hält sich die hartnäckige Mär, daß Bierhoff sogar Torschützenkönig der Serie A (vergleichbar mit der Bundesliga) geworden sei. Selbst die größten Anhänger des Dauerwellenträgers müssen zugeben, daß dieses Gerücht gezielt gestreut und Teil einer gewaltigen Kampagne war: Die Werbewirtschaft hatte blitzschnell erkannt, daß Bierhoff den Traum aller Schwiegermütter verkörpert und ließ ihn für alles Reklame machen, was auch nur im entferntesten zu dem Sunnyboy paßt. Nicht selten kam es vor, daß während der Werbeunterbrechungen eines Spielfilms Bierhoff insgesamt länger auf dem Bildschirm zu sehen war, als der Hauptdarsteller in dem Streifen.

Wir haben es also mit einem richtigen Superstar zu tun, der nahezu perfekt erscheint und nur einen einzigen, kleinen Fehler hat: Er kann nicht Fußball spielen.

Grund 15: Lothar Matthäus

Viel, sehr viel ist schon über Lothar Matthäus geschrieben und gesagt worden, vor allem von ihm selbst. Dabei kann es durchaus passieren, daß Matthäus sich etwas im Ton vergreift und einer Damen-Handballmannschaft den Schock ihres Lebens versetzt. So geschehen auf einem deutschen Flughafen, als sich die Bayern und die Handballerinnen zufällig im Terminal begegneten. Seinerzeit spielte Adolfo Valencia noch bei den Münchnern und unser Lothar schien den Kolumbianer zumindest so gut zu kennen, daß er den pikierten Damen »Unser Schwarzer hat sooo'n Langen!« zurufen konnte. Ob die Mädels mit dem obligatorischen und elend verlogenen »Auf die Größe kommt's doch gar nicht an!« konterten, ist nicht überliefert.

Die Karriere des Lothar Matthäus war nicht arm an Highlights. Hier kurz die Stationen und Erfolge im Schnelldurchlauf: Mönchengladbach, München, Mailand, dann wieder München, Deutscher Meister, Europameister, Weltmeister. Und Rekordnationalspieler, was zugegebenermaßen bei den restlichen Luschen im deutschen Team nicht weiter verwunderlich ist.

Das wissen wir alles schon, es steht täglich in der Zeitung, es läuft stündlich im Fernsehen. Doch war Ihnen schon bekannt, daß Lothar Matthäus seine Karriere, ja sogar sein Privatleben komplett auf den Liedern seines Lieblingskünstlers Udo Jürgens aufgebaut hat? Wußten Sie nicht? Wir schon!

Matthäus Laufbahn als Profikicker fußt genau genommen auf nur einem einzigen Stück, dem sich Lothar voll und ganz verschrieben hat: »Café Größenwahn«! Hier heißt es in einer der Strophen:

Du bist ein Träumer, also flieg,
Führ Deine Eitelkeit zum Sieg!

Und weiter:

Wahn, Wahn, Wahn,
Größenwahn, Wahn, Wahn,
Wahn, Größenwahn, Größenwahn!

Na, wenn das mal nicht paßt! Aber auch für sein Karriereende hat sich Matthäus den passenden Song ausgesucht. Vielleicht sind Sie selbst schon drauf gekommen, natürlich ist es »Ich war noch niemals in New York«:

Noch einmal voll von Träumen sein,
sich aus der Enge hier befrei'n.
Er dachte über seinen Aufbruch nach,
seinen Aufbruch nach.

Denken ist bekanntlich nicht seine Stärke, aber irgendwann, nach ein paar Jahren, muß er wohl zu Ende gedacht haben und unterschrieb einen Vertrag bei dem Weltclub New York Metro Stars.

Wie schon erwähnt: Auch sein Privatleben ist gekennzeichnet durch die unvergessenen Schlager Udo Jürgens'. Nach der Trennung von Lolita Moräne (o.s.ä.) übte sich Lothar einige Zeit in Enthaltsamkeit, doch ein Mann in seinen Jahren hat noch gewisse Bedürfnisse. Eines Tages, als er nach einem schwerem Spiel ganz entspannt unter der Dusche stand und vor sich hinträumte ...

Ein Tag wie jeder,
ich träum' von Liebe,
doch eben nur ein Traum,
uh, uh, (Rest zensiert!)

... da tauchte sie plötzlich auf:

Siebzehn Jahr, blondes Haar,
so stand sie vor mir.
Siebzehn Jahr, blondes Haar,
wie find' ich zu ihr?

Die Rede ist natürlich von Maren Müller-Wohlfahrt. Und weil Udos Text gerade so schön paßte, schnappte sich Lothar die blonde Vorzeigemuschi und machte sie zu seiner Freundin. Glückwunsch!

Leider gibt es noch einen erschreckenden Ausblick auf die fußballerische Zukunft des Lothar Matthäus.

Mit 66 Jahren, da fängt das Leben an,
Mit 66 Jahren, da hat man Spaß daran,
Mit 66 Jahren, da kommt man erst in Schuß (!),
Mit 66 ist noch lange nicht Schluß!

Na dann bis zur WM 2028! Lothar wird dabei sein.

Grund 16: Oliver Kahn

Haben wir es eigentlich schon erwähnt: Oliver Kahn ist einer unserer ganz engen Freunde. So war es für uns auch nicht überraschend, daß er anbot, für unser Buch eine Seite aus seinem Tagebuch beizusteuern. Dankbar nahmen wir an.

Lucht/Udelhoven proudly presents:
Eine Woche im Leben des Oliver Kahn

Montag: Von 10 bis 12 Uhr war Training. Wegen dem wichtigen Pokalspiel am Mittwoch in Rostock haben wir Elfmeter geübt. Als der Mehmet mir einen reingehauen hat, hab ich ihm auch eine reingehauen. Ich lass' mir doch von dem kleinen Osterhasen nix bieten!
Dienstag: So ein Schock am frühen Morgen: Als ich so auf meinem Affenbrotbaum herumturnte, brach ein Zweig ab und ich fiel genau in die Kiste mit den Bananen. Hat aber nachher irgendwie Spaß gemacht, in der Kiste herumzutollen. So wie Dagobert Duck in seinem Geldspeicher. Nur halt mit Bananen.
Mittwoch: Von dem Pokalspiel hab ich so gut wie nix mitbekommen. Mußte ständig auf meine Handflächen starren. Ist es normal, daß da Haare wachsen?
Donnerstag: Irgend so ein Arschloch hat »Uga, Uga« auf die Motorhaube meines Jeeps geschrieben! Meine Frau Jane meinte, ich solle mich nicht so aufregen. Zur Beruhigung erst mal die besten 10 Folgen von »Daktari« geguckt.

Freitag: Tolle Überraschung! Der Direktor von Naturkundemuseum hat mich angerufen: Ich soll für eine Gorilla-Plastik Modell stehen! Hab mir vor Freude so auf die Brust geklopft, daß da jetzt überall blaue Flecken sind.
Samstag: 2-0 gegen Dortmund gewonnen. Hatte fast nix zu tun. Toll: Wenn ich mich anstrenge, kann ich mich kopfüber mit den Füßen an der Querlatte festkrallen. Das soll mir der Lehmann mal nachmachen!
Sonntag: Boah! Heute morgen hab ich Jane so dermaßen gerammelt, daß ...

Tja, schade, aber genau an dieser Stelle ist uns der Toner im Faxgerät ausgegangen. Aber wir haben Olli gefragt: Muß 'ne tierische Nummer gewesen sein.

Grund 17: Thorsten Legat

Bei Fußballspielern wie Thorsten Legat schämt man sich, jemals in einem Stadion gewesen zu sein. Dieser Mann ist ein Schwachmat vor dem Herrn, der sich offensichtlich vor allem und jedem in der Welt fürchtet. Deshalb kam er auf die Idee, Bodybuilding zu betreiben, pumpte sich den Bizeps auf und rundete seinen neuen Look mit einem Skinhead-Haarschnitt ab.

»So«, mag er sich gedacht haben, »jetzt haben alle Angst vor mir!« Im Bochum stimmte das auch. Aber dann wechselte er zu Werder Bremen, wo ihn alle für seine Marotten auslachten. Als die Skinhead-Memme dann zum VfB Stuttgart ging, hörte man lange Zeit nichts mehr von ihm. Bis in der Umkleidekabine der Mannschaft jemand »Negersaft« auf die Trinkflasche von Pablo Thiam, einem Nationalspieler von Neu-Guinea, schrieb. Natürlich wollte es keiner gewesen sein. Also beauftragte der Stuttgarter Trainer Ralf Rangnick, ein Pseudointellektueller allererster Kajüte, einen Graphologen. Da saßen die Spieler in der

Kabine und mußten »Negersaft« schreiben. Raten sie mal, wer erwischt wurde. Genau! Thorsten Legat. In seiner Verzweiflung versucht er noch, seine Schrift zu verstellen. Aber er konnte machen, was er wollte, das »S« geriet ihm immer zur Rune.

Grund 18: Die Jungstars

Ein wirklich ganz trauriges Kapitel. Sie kennen das: Kaum kann ein Spieler in Deutschland dreimal den Ball mit dem Fuß in der Luft halten, schon steht er in der Nationalmannschaft. Ist er auch noch um die zwanzig Jahre alt, kreischen auch die Mädchen vor Entzückung: Wir erleben die Geburtsstunde eines neuen Jungstars.

Ein abschreckendes Beispiel ist die tragische Geschichte des Mehmet Scholl. Deshalb sollten Eltern, die vielleicht mit dem Gedanken spielen, das Talent ihres Kindes zu fördern, ihr Vorhaben noch einmal überdenken.

Der offensive Mittelfeldspieler des FC Bayern München ist 18 Jahre alt – das allerdings schon seit über 10 Jahren. Mit seinen Hasenzähnchen und seinem kleinen Sprachfehler ist er aber auch einfach zu süß. Finden auch die vielen Mädchen, die in Scharen zum Trainingsgelände der Bayern an der Säbener Straße pilgern. Wie ein Mitglied einer Boygroup wird er von seinen ausnahmslos weiblichen Fans bewundert. Und es ist keine Ausnahme, wenn kleine Mädchen mit großen Zahnspangen ein Plakat hochhalten mit der Aufschrift »Scholli, f... mich«. Ob es Scholli besser gefällt, wenn andere Groupies Stofftiere, Telefonnummern und feuchte Höschen auf den Fußballplatz schmeißen, ist nicht bekannt. Wir würden uns jedenfalls abgrundtief schämen.

Mittlerweile hat sich Mehmet die Zähne richten lassen, aber wo eine Wille ist, ist auch ein Weg. Jetzt stülpt sich der arme Scholli jedesmal, wenn er in die Öffentlichkeit tritt, Hasenzähne aus Plastik über. Und sieht wieder sehr, sehr süß aus.

Grund 19: Die Schiedsrichter

Auch auf die Gefahr hin, daß wir uns wiederholen: Früher war wirklich alles besser! Auch die Schiedsrichter. Da gab es Typen wie Wolf-Dieter Ahlenfelder, der eher über den Platz zu rollen schien als daß er lief. Der Spitzname »Kugelblitz« hatte jedenfalls seine Berechtigung. Oder Walter Eschweiler. Er belustigte uns mit zirkusreifen Einlagen wie bei der WM 1982. Dort bekam er ein wuchtig geschossenes Leder zielgenau auf seine Omme. Doch anstatt einfach umzufallen, wie jeder andere es getan hätte, sackte Eschweiler in sich zusammen wie das »Wetten, daß ...?«-Logo nach einer verlorenen Wette. Einfach klasse!

Heute dagegen pfeifen sehr, sehr seltsame Menschen die Bundesligaspiele. Greifen wir doch einmal wahllos in den großen Schiri-Topf und ziehen ... Dr. Markus Merk. Dieser Mann ist von Beruf eigentlich Zahnarzt. Doch die Folter an den Patienten in seiner Praxis scheint ihn wohl nicht ausreichend zu befriedigen. Anders ist es nicht zu erklären, daß sich Merk Samstag für Samstag auf den grünen Rasen stellt und unsere Profis mit seinen oft abenteuerlichen Entscheidungen quält. Dr. Markus Merk, der erste Sado-Schiedsrichter in der Bundesliga.

Überhaupt scheinen die Sitten im Schiri-Geschäft mehr und mehr zu verkommen. Erinnern Sie sich noch an den Fall 1. FC Nürnberg? Hier tauchte beim Jahresabschluß 91/92 in der Sparte Schiedsrichterbetreuung die Wahnsinnssumme von DM 174.000 auf! Nach einer Prüfung kam heraus, daß der Club die Männer an der Pfeife mit recht großzügigen Geschenken bedachte – natürlich ohne jeden Hintergedanken. Die Schiedsrichter durften sich über Sporttaschen- und kleidung, Hometrainer (von der Firma der Frau des Schiedsrichterbetreuers!) und über (nicht lachen!) Minitrampolins freuen.

Hüpf, Schiri, Hüpf!

Gerade erreicht uns eine brandaktuelle Meldung: Zu unser aller Glück müssen wir den pfeifenden Zahnarzt Merk nicht mehr lange ertragen, denn die Pop-Gruppe Bee Gees ist auf der Suche nach einem neuen Sänger. Wer Herrn Merk schon mal hat reden hören, wird verstehen, warum die Brüder Gibb ausgerechnet auf ihn gekommen sind ...

III. DIE STARS NEBEN'M PLATZ

Nicht nur auf, sondern auch neben dem Spielfeld tummeln sich interessante Persönlichkeiten. Beispielsweise weiß man genau, daß hinter jedem erfolgreichen Fußballspieler eine noch erfolgreichere Ehefrau steht. Und es gibt noch weit mehr wichtige Menschen, die zwar nicht unmittelbar gegen den Ball treten, aber dennoch die Geschicke des Fußballs weitgehend mitbestimmen. Zum ersten Mal auf dem deutschen Buchmarkt erhalten Sie hier einen vollständigen Überblick.

Grund 20: Die Präsidenten

Wenn Sie mehr als genug Geld in der Tasche haben und in der Lage sind, auf einer Jahreshauptversammlung eine halbwegs mitreißende Rede zu halten, können Sie ohne große Probleme Präsident eines Fußballvereins werden. Denn mehr als diese beiden Voraussetzungen sind nicht notwendig, um diesen Job anzutreten. Man könnte auf die verwegene Idee kommen, daß ein gewisser Fußballverstand ebenfalls von Nöten sei. Wäre tatsächlich auch sehr schön, doch die bittere Realität sieht oft anders aus.

Auf der einen Seite gibt es zwar ehemalige Spieler wie Franz Beckenbauer oder Jürgen Friedrich, die es in dieses hohe Amt geschafft haben und nicht direkt als Fußballaien auffallen. Doch häufig, sehr häufig hört man von Präsidenten Sätze wie

»Für die sportlichen Belange ist unser Trainer zuständig!« Das heißt übersetzt nichts anderes als: »Ich habe von Fußball soviel Ahnung wie die Feldbusch vom Dativ!« Ein gutes Beispiel für diese Präsidentensorte ist Wilfried Jacobs, ehedem Boß von Borussia Mönchengladbach. Er wurde, auch für ihn selbst völlig überraschend, von der AOK-Rheinland direkt in den Vorstand der Borussia gehievt. Der Mann mag vielleicht einiges über Punktwerte wissen, von Punktspielen hatte er jedoch nicht die Spur einer Ahnung (äußerst intellektuelles Wortspiel; die Ärzte unter den Lesern wissen, was wir meinen).

Sagen ihnen die Namen Adalbert Jordan, Werner Hackmann, Walter Müller oder Jürgen L. Born irgendetwas? Sie ahnen es vermutlich schon: Es sind alles Vorstandsvorsitzende von großen Vereinen mit glorreicher Geschichte (Borussia Mönchengladbach, Hamburger SV, Hertha BSC, Werder Bremen; Stand Ende 1999). Nur kennt diese Namen niemand, was auch Methode hat. Denn die Clubs gehen dazu über, dahergelaufene Nobodys als Präsidenten zu installieren. Warum? Weil die Zeit der selbstherrlichen Patriarchen offenbar dem Ende entgegen geht. Typen wie Karl-Heinz Wildmoser (1860 München), der an eine aufgeplatzte Weißwurst erinnert oder Rolf Heller (Eintracht Frankfurt), der Trainer sammelt wie andere Briefmarken, werden wir nicht mehr lange ertragen müssen. Auf Dauer schaden sie dem Verein mehr, als sie ihm nutzen und gebrauchen die Plattform des Clubs einzig und allein zur Selbstdarstellung.

Wohin das führen kann, wurde uns am 15. Dezember 1999 eindrucksvoll vor Augen geführt. Jean Löring, der Allmächtige in Menschengestalt und oberster Boß von Fortuna Köln (»Mein Verein!«), brannten beim Halbzeitstand von 0-2 gegen Mannheim alle Sicherungen auf einmal durch. Noch während Trainer Toni Schumacher mit seiner Mannschaft den Pausentee schlürfte, stürmte Löring in die Kabine, beschimpfte die ehemalige Torwartlegende aufs Allerübelste und, jetzt kommt's!, feuerte ihn noch in der Halbzeitpause! Danach setzte sich der »Schäng«, wie der offensichtlich geistig umnachtete Löring in Köln genannt wird, selbst auf die Trainerbank.

Das nun völlig verunsicherte Team von Fortuna Köln verlor das Spiel mit 1-5.

Grund 21: Die Manager

Mitte der sechziger Jahre kam eines der größten Übel über die Bundesliga: Die Manager. Robert Schwan, die graue Eminenz des FC Bayern München, erfand diese Berufsbezeichnung für den Fußball neu und rief damit die Geister, die wir bis heute nicht loswurden.

Auffallend ist, daß viele Manager sogenannte Quereinsteiger sind und keinerlei Fähigkeiten haben, einen Bundesligaclub zu führen. Stellvertretend für alle anderen hier nur drei Beispiele: Rainer Calmund, der gefürchtete McDonalds-Restaurantschecksammler, beherrscht die Weltsprache Nr.1 nicht in ausreichendem Maße, wie er mit Bonmots wie »Wir sind hier nur Underducks!« eindrucksvoll beweist. Michael Meier verdiente sich seine ersten Managersporen beim 1. FC Köln, was ihn für so ziemlich jede andere Branche außer Fußball qualifiziert. Willi Lemke schließlich hat eine gar fürchterliche Vergangenheit: Er kam direkt von der SPD!

Der mit Abstand schlimmste Vertreter dieser modernen Raubritter ist selbstverständlich ein Münchner: Uli Hoeneß. 79% aller Bundesbürger soll beim Klang dieses Namens ein kalter Schauer über den Rücken laufen, der Rest bricht unkontrolliert in Tränen aus oder versteckt sich im Kleiderschrank. Zurecht! Dieser Mann hat großes Unheil über den deutschen Fußball gebracht und kennt keine Gnade. Noch nicht einmal arme, unschuldige Tiere werden von ihm verschont – ihnen wird in der Hoeneß'schen Wurstfabrik der Garaus gemacht. Was ist eigentlich aus Spielern wie Dremmler, Dürnberger und Pflügler geworden?

Grund 22: Die Fans

Fußballfans sind ganz besondere Menschen. Regelmäßig an den Wochenenden verkleiden sie sich mit diesen merkwürdigen Accessoires und setzen sich dann in vollbesetzte Bahnen und Busse oder verbringen mit ihrem Wagen einige Zeit in Staus, nur um ihre Mannschaft aus der Nähe sehen zu können. Doch was heißt schon Nähe: In den meisten Stadien trennen Laufbahnen für die Randsportart Leichtathletik die Anhänger vom direkten Geschehen. Man muß schon Adleraugen haben, um das Spiel auf dem Platz vernünftig verfolgen zu können. Und das bei jedem Wetter! Da sind die Eigenschaften des Haarsprays Drei-Wetter-Taft von Wella gefragt:

Sonntag: Rostock. Springflut – die Fankappe sitzt.

Mittwoch: München. Föhn – die Fankappe sitzt.

Samstag: Berlin. Bitterkalt, von Autonomen mit Schneebällen beschmissen – die Fankappe sitzt.

Die Härtesten unter den Fans stehen jedes Wochenende ihren ganz persönlichen Survival-Test durch: Sie verdrücken eine Stadionwurst und spülen mit alkoholfreiem Bier nach. Schrecklich! Wer das überlebt, muß auch einen Atomkrieg nicht fürchten. Na ja, zur Verdauung stimmen sie dann blödsinnige Fangesänge an oder machen das Trimm-dich-Programm für übergewichtige Fans mit: die LaOla-Welle.

Grund 23: Die Hooligans

Nein, man muß sicherlich nicht mehr groß begründen, warum Hooligans ein Grund sind, ohne Fußball zu leben. Deppen, sie sich am Rand eines Fußballspiels treffen, um sich die Köpfe einzuschlagen, sind eine wirklich trostlose Erscheinung. Ihr vermeintliches Ethos, nur andere Hools zu verhauen, ist geradezu lächerlich. Ganz zu schweigen davon, daß sie es damit auch nicht immer so genau nehmen, wie es der Fall des französischen Polizisten Nivel während der WM 98 gezeigt hat.

Nicht, daß wir tatsächlich denken, unsere paar Worte würden etwas bewirken. Sicherlich nicht. Deshalb wollen wir nur noch kurz betonen, daß der Begriff »Hooligans« – übersetzt: Straßenlümmel – eine wahre Verniedlichung für diese Idioten ist

Grund 24: Die Altstars

Es ist immer das gleiche Spiel: Geht es einem Traditionsverein der Bundesliga schlecht, ruft erst die Presse, kurz darauf auch die Anhängerschaft nach den Helden aus der glorreichen Vergangenheit des Clubs. Wie kann man nur glauben, daß mit den Rezepten von Anno Pief heute noch was zu bewegen ist!? Sicherlich spricht der unglaubliche Erfolg von Franz Beckenbauer mit der Nationalelf und Bayern München für diese Vorgehensweise. Aber »der Kaiser« gilt nicht. Bei seiner midasartigen Fähigkeit, aus allem Gold zu machen, was ihm in die Hände gerät, müssen wir mittlerweile davon ausgehen, daß er ein Außerirdischer ist.

Sicherlich war es auch löblich von Fritz Walter, sich während der Krise seines Vereins 1. FC Kaiserslautern eine Zeit lang tot zu stellen. So konnten die Pfälzer ihren Betzenberg im Andenken an ihn in Fritz-Walter-Stadion umbenennen. Kurze Zeit später konnte man dort wegen dieser Maßnahme wieder eine Deutsche Meisterschaft feiern.

Was aber hatten sich die Funktionäre des Hamburger Sportvereins bloß dabei gedacht, Uwe Seeler zum Präsidenten ihres Vereins zu machen? Warum nur sollte »uns Uwe«, der seinen Kopf in der Vergangenheit bevorzugt dazu benutzte, Bälle ins Tor zu befördern, plötzlich die Fähigkeit haben, ein mittelständisches Unternehmen wie einen Fußballverein zu führen? Kein Wunder also, daß seine kurze Präsidentschaft in einem Desaster endete.

Auch der naiver Glaube des 1. FC Köln, ein Weltklassefußballer wie Bernd Schuster sei auch ein guter Trainer, rührt uns zu Tränen. Vielleicht hat er ja wirklich revolutionäre Vorstellungen vom Spiel im Kopf. Aber wenn man nicht darüber redet, wird kein Spieler der Welt diese Ideen jemals umsetzen können. Eine Erkenntnis, die für den Verein am Geißbockheim völlig überraschend kam. Dort war der »blonde Engel« offenbar als Kommunikationstalent bekannt.

Grund 25: Der DFB

Der dümmste Bauer erntet die dicksten Kartoffeln. Und wenn man auch noch ganz viele von diesen dicken Erdäpfeln hat, wird man Präsident des Deutschen Fußballbundes. So wie Egidius Braun, der seit 1992 die Geschicke des größten Einzelsportverbandes der Welt in die Hand nimmt.

Der Kartoffelbauer aus Aachen übernahm dieses ehrenvolle Amt von seinem legendären Vorgänger Hermann Neuberger und irgendwie wird man den Eindruck nicht los, daß es seitdem mit dem deutschen Fußball stetig bergab geht. Zwar kassiert der DFB für die Fußball-TV-Rechte Jahr für Jahr ein paar Millionen Mark mehr, aber wo das letztlich hinführt, ist trotz aller gegenteiligen Beteuerungen seitens der Funktionäre sonnenklar: Bald, sehr bald werden die Bundesligaspiele nur noch im Pay-TV zu sehen sein. Je attraktiver ein Spiel, desto mehr Leute werden dafür bezahlen – eine Partie wie Ulm gegen Wolfsburg wird kaum Zuschauer finden. Ergo werden die großen Vereine, die an den Fernseheinnahmen kräftig mitkassieren, immer reicher und eine Zweiklassengesellschaft ist in der Bundesliga vorprogrammiert.

Der DFB sieht sich als autarke Organisation, praktisch ein Staat im Staate. Besonders deutlich wird das durch die eigene Sportgerichtbarkeit, die beim Deutschen Fußballbund vor allem ein Mann verkörperte: Chefankläger Hans Kindermann. Hinter vorgehaltener Hand wurde der Mann mit dem unverdächtigen Namen schon mal als »Roland Freisler des deutschen Fußballs« bezeichnet. So weit können und wollen wir nicht gehen, aber es ist schon sehr auffallend, mit welcher Hartnäckigkeit Kindermann auch die kleinsten Delikte unserer Fußballspieler verfolgte. Es steht zu befürchten, daß durch diese Erbsenzählerei der Fußball zu einer emotionslosen Sportart mutiert. Hauptsache, alle sind schön brav und mucken nicht auf. Und wenn doch, läßt der DFB seine Muckis spielen.

P.S.: Herzlichen Glückwunsch! Der DFB feiert im Jahr 2000 sein 100jähriges Bestehen. Wir erwarten eine Riesenparty, denn außer dem Verband werden auch fast 80% seiner Funktionäre ebenfalls 100 Jahre alt. Nur allzu gern würden wir kurz vorbeischauen und mitfeiern: Peppige Marschmusik, Champagner aus Schnabeltassen und Essen auf Rädern – alles Gute auch für die nächsten hundert Jahre.

Grund 26: Die Spielervermittler

Wie es der Zufall will, haben wir vor kurzem zwei Zuhälter belauscht, die sich in der Kneipe trafen. Sagte der eine: »Na, wie läuft das Geschäft mit den Thailänderinnen, immer noch gut?« Da antwortete der andere: »Ach, Thailänderinnen sind doch schon lange out. Ich hab' mich beim Arbeitsamt umschulen lassen. Ich mach' jetzt in Fußballer und nenn' mich Spielervermittler.« »Wie, und das kannst Du!?« »Klar, ist doch alles wie früher: Die Jungs arbeiten und du verdienst dich dumm und dämlich. Aber da ist eine Sache, die wollen sie einfach nicht kapieren.« »Ja, was denn?« »Ich bekomm denen einfach nicht eingebleut, daß man nach einem Tor die Freude nur vortäuschen darf.«

Grund 27: Der Super-Doc

Wer ist das? Er ist Arzt (behauptet man zumindest), sitzt ständig auf der Auswechselbank von Bayern München und hat eine Prinz-Eisenherz-Frisur? Richtig, Dr. Müller-Wohlfahrt, der Super-Doc der Bundesliga – es gibt keine Krankheit, die ihn nicht kennt.

Der Mann, von dem niemand weiß, wie er mit Vornamen heißt (Hans-Wilhelm), behandelt so ziemlich jeden und alles, was ihm vor die Kanüle kommt. Und das mit den außergewöhnlichsten Behandlungsmethoden – man spricht von Eigen- und Pferdeblut-Infusionen. Igitt! Weiß beispielsweise Mehmet Scholl, das Pferdeblut in ihm pulsiert? Oder weiß Olli Kahn, daß ihm Müller-Wohlfahrt in jeder Halbzeit einen halben Liter Gorillablut in den Tee mischt?

Wenn man Mannschaftsarzt eines Bundesligaclubs ist und noch dazu eine gutgehende Praxis sein eigen nennt, sollten eigentlich die Schäfchen im Trockenen sein. Aber der Herr Doktor scheint den Hals nicht voll zu kriegen! Nein, er muß sich noch eine Nebenbeschäftigung suchen: Unter dem Pseudonym Bernd Herzsprung schauspielert sich Müller-Wohlfahrt mehr schlecht als recht durch diverse, grottenschlechte TV-Serien.

Bleibt die Frage: Was ist schlimmer? Schauspieler, die als Ärzte agieren oder vorgebliche Ärzte, die echten Schauspielern die Arbeitsplätze wegnehmen? Jetzt müssen die Arbeitsgerichte entscheiden.

Grund 28: Die Parasiten

Sie sitzen mit Freunden während des Essens zusammen und zufälligerweise kommt das Gespräch auf das Thema Fußball. Während die meisten aufgewühlt berichten, wie sie in der letzten Zeit mit ihrem Verein gelitten haben, sitzt immer einer mit einem feisten Grinsen dabei. Er ist sicher, daß ihm so etwas nie passieren wird, denn er ist Bayern München-Fan – sagt er zumindest. Passend zu seinem BMW, dem Schnäuzer und dem neuen After Shave mit dem Duft des Erfolgs hat sich dieser Möchtegern-Fan den Verein ausgewählt, der zu seinem Image paßt. Was für eine jämmerliche Erscheinung!

Wir finden die entgegengesetzte Richtung aber genauso schlimm. Denn so, wie Bayern München bei den Schnöseln, findet der SC Freiburg in studentischen Kreisen seine Fans. Diese Pappnasen glauben, damit irgendwie links und »political correct« zu sein. Uns kommen die Tränen.

Übrigiens erkennt man einen wahren Fan daran, daß er sich zu einem Verein aus der Stadt bekennt, in der er aufgewachsen ist. Außerdem wird er bei der Frage, wie oft er im letzten Jahr im Stadion seines Clubs gewesen ist, nicht verschämt auf den Boden gucken müssen.

Grund 29: Spielerfrauen

Martina Effenberg, Angela Häßler, Bianca Illgner, Gaby Schuster – wem bei diesen Namen nicht ein kalter Schauer den Rücken herunterläuft, ist entweder abartig veranlagt oder mit einer der Damen verheiratet. Wobei letzteres eindeutig der schlimmere Zustand ist.

Es kommt nicht von ungefähr, daß einige Fußballspieler besser dotierte Verträge haben, als ihre Kollegen. Fragt man sie nach dem Grund, kommt meistens ein verschüchtertes »Meine Frau regelt das Finanzielle« über ihre Lippen. Doch bevor man journalistisch-investigativ nachhaken kann (»Und wie ist es, mit so einer Frau poppen zu müssen?«), wird der Geplagte mit einem »Bodo, bei Fuß!« von seiner Liebsten gerufen.

Daß Frauen die schlechteren Menschen sind, weiß mittlerweile jeder. (Wenn Sie es nicht wissen sollten, können Sie es in »101 Gründe Ohne Frauen zu leben« von Jens Oliver Haas nachlesen.) Doch selbst knallharte Manager wie Rainer Calmund oder Uli Hoeneß haben gegen die weiblichen Raubritter nicht den Hauch einer Chance. Dabei sind die Methoden der Damen so simpel wie perfide. Bianca Illgner schockt ihr Gegenüber zunächst mit der visuellen Variante: Ein Minirock in rosa, daß selbst Miss Piggy vor Neid erblassen würde und ein Ausschnitt von der Größe Liechtensteins, der unschöne Einblicke herausfordert. Noch während sich ihr Verhandlungspartner vor Schmerzen am Boden windet und über seine verbrannte Netzhaut jammert, muß er den Vertrag unterschreiben. Noch effektiver als Frau Illgner arbeitet Martina Effenberg – sie gibt sich einfach wie immer.

Übrigens: Laut einer Umfrage sind über 90% der Vereinsmanager davon überzeugt, daß mit Gaby Schuster als Verhandlungsführerin der Beitritt der DDR zur Bundesrepublik hätte verhindert werden können. Doch das ist eine andere Geschichte für ein anderes Buch.

IV. RITUALE

Ritual, das: Verhalten in bestimmten Grundsituationen, besonders bei Tieren. So erklärt das Fremdwörterlexikon den Begriff »Ritual«. Natürlich brauchen auch die Menschen Rituale, und jeder einzelne von uns hat sein ganz besonderes. Aber beim Schreiben dieses Kapitels fiel uns auf, daß der Vergleich mit tierischen Ritualen bei den Fußballfans am zutreffendsten ist. Doch lesen Sie selbst.

Grund 30: Meckern

Eine der unangenehmsten Eigenarten von Fußballspielern ist die ständige, fast schon gewohnheitsmäßige Meckerei. Ganz egal, warum der Schiedsrichter gepfiffen hat, ob bei Elfmeter,

Frei- oder Anstoß, nach einer Schwalbe oder einem rüden Foul: Irgendein Kicker fängt immer an, mit hochrotem Kopf und verzerrtem Gesichtsausdruck zu lamentieren.

Man ist geneigt zu glauben, daß in den Vereinen spezielles Schauspieltraining für diesen Bereich angeboten wird. Montags lernen sie den Blick des Unschuldlamms nach einer Blutgrätsche, dienstags die erschrocken aufgerissenen Augen nach einer Verwarnung, mittwochs die wegwerfende Handbewegung nach einer Entscheidung für den Gegner, donnerstags steht hämischer Beifall nach einer Schiedsrichterentscheidung auf dem Stundenplan und am Freitag kontrolliert ein Test, ob auch alle schön aufgepaßt haben.

Leider machen alle Mannschaften den Kurs beim gleichen Schauspiellehrer. Immer die gleichen Gesten, die gleiche Mimik, die gleichen Sprüche. Wir fordern dunkelrote Karten für schlechte Schauspielerei auf dem Platz!

Grund 31: Aberglaube

Fragen Sie mal einen Bundesligatrainer oder -spieler, ob er an den Osterhasen oder das Christkind glaubt. Mitleidig würde er Sie ansehen und betonen, daß sowas doch Kinderkram sei. Kommen Sie aber auf die Bedeutung von Maskottchen, Glückspullover oder Halskettchen zu sprechen, sieht die Reaktion ganz anders aus. Beschämt blicken sie dann zu Boden und beenden das Gespräch. Denn jeder Fußballer ist abergläubisch.

Da gibt es regelmäßig ein Gerangel am Spielfeldrand, welcher Spieler als erstes den Platz betritt. Offenbar entscheidet sich in diesem Augenblick, wer das Spiel gewinnen und wer die Hütte voll kriegen wird. Oder ein Trainer trägt monatelang die gleichen Klamotten und sein Team gewinnt und gewinnt und gewinnt. Schon irgendwie unheimlich.

Stellen Sie sich mal vor, eine Mannschaft gewinnt ein nie für möglich gehaltenes Spiel und ein Spieler hat vor der Partie seinen Porsche gegen einen Baum gesetzt. So wie wir unsere abergläubischen Freunde kennen, muß auch vor dem nächsten Spiel eine Edelkarrosse dran glauben. Die Autoindustrie würd's freuen.

Grund 32: Derbys

Spielen wir mal »Schweinchen Schlau« und schlagen im Lexikon nach, was sich wirklich hinter diesem Begriff verbirgt. Aha, es handelt sich also um einen Begriff aus dem Pferderennsport und bezeichnet einen besonderen Wettbewerb nur für dreijährige Tiere.

Wir wollen hier nicht weiter spekulieren, was dreijährige Pferde und Fußballer gemeinsam haben und widmen uns dem übertragenen Sinn des »besonderen Wettbewerbs«. Da haben wir auch schon den Grund für die unsägliche Inflation an Derbys in den letzten Jahren gefunden. Jede noch so öde erscheinende Begegnung läßt sich unter dem Deckmantel des Derbys als Ereignis verkaufen. Okay, ein Lokalderby lassen wir noch gelten. Warum aber ein Spiel 1. FC Köln gegen Alemannia Aachen auch noch in diese Kategorie fallen soll, bleibt uns ein Rätsel. Vermutlich rauchen in den Sportredaktionen schon die Köpfe, während dort über neue Derbybezeichnungen gebrütet wird. Unsere Vorschläge: Wie wäre es zum Beispiel mit dem Zooderby Zebras (Duisburg) gegen Löwen (1860) oder dem Autoderby VW (Wolfsburg) gegen Mercedes (Stuttgart)?

Grund 33: Hymnen

Mittwochabend: Sie jagen nach der Arbeit mit dem Auto durch die Stadt, überfahren jede Ampel bei Dunkelgelb und parken dreist auf einem Behindertenparkplatz. Sie wollen unbedingt pünktlich zu Hause sein, denn im Fernsehen wird ein Fußballänderspiel übertragen. Doch wenn Sie dann naßgeschwitzt und abgehetzt im Fernsehsessel sitzen und die Flimmerkiste einschalten, packt Sie das kalte Grausen. Sie haben schon wieder vergessen, daß jedem Länderspiel eines vorausgeht: der Wettbewerb für den schlechtesten Männerchor des Landes, das Singen der Hymnen.

Nicht, daß Sie was gegen gute Musik haben, aber was in den folgenden endlos scheinenden Minuten geboten wird, gehört schon in die Kategorie Körperverletzung. Die Blaskapelle spielt die ersten Takte. Meist sind es die Musikanten der örtlichen Polizei, Freiwilligen Feuerwehr oder auch des Schützenvereins. Ihre fehlende Melodiesicherheit beweist auf jeden Fall, daß sie eigentlich einem ganz anderen Beruf nachgehen. Dann fährt die Kamera an den verzweifelten Gesichtern der Fußballer vorbei. Die einen versuchen erfolglos zu verbergen, daß sie auch im 122. Länderspiel wieder den Text vergessen haben. Die anderen singen so enthusiastisch, daß man inständig darauf hofft, die Übertragungsleitung würde zusammenbrechen.

Letztendlich stellt sich die Frage, was eine Hymne denn eigentlich bewirken soll. Unterstreicht sie nur den feierlichen Moment eines Länderspiels oder will man vielmehr den Gegner schon mit Gesang in die Flucht schlagen? Sollte das die Absicht sein, waren die Jungs mal wieder sehr erfolgreich. Wir schwenken die weiße Fahne und ergeben uns.

Grund 34: Autokorsos

Wer kennt das nicht: Man sitzt gemütlich zuhause im Wohnzimmer auf dem Sofa, ganz vertieft in ein gutes Buch, z.B. in dieses. Plötzlich klingt ohrenbetäubender Lärm durchs offene Fenster. Was ist los? Eine Springflut, Godzilla oder gar Krieg? Viel schlimmer! Schnell wird deutlich, daß es sich um ein wild hupenden Autokorso handelt. Und zwar nicht anläßlich einer Hochzeit, was man eventuell noch tolerieren könnte. Nein, irgendwelche irren Fußballfans glauben, den Sieg ihrer

Mannschaft in der ganzen Stadt per Autohupe verbreiten zu müssen.

Der Autokorsovirus geht um die ganze Welt. Die Länder unterscheiden sich lediglich in der Größe des Anlasses. Während man in Deutschland nur den Gewinn einer WM oder zumindest EM auf diese Weise feiert, reicht dem italienischen Tifosi dafür schon ein stinknormaler Sieg. Die türkischen Fans treffen sich schon zum Krachmachen auf der Straße, wenn sie in der Halbzeitpause führen.

Einen besonderen Status nehmen einmal mehr die Fans des 1. FC Köln in Anspruch. Ihre Mannschaft gewinnt normalerweise höchst selten, was dazu führt, daß die Kölner Anhänger schon mit der Huperei beginnen, wenn das gehaßte Bayer Leverkusen ein Spiel verliert oder zumindest einer der Kicker von der falschen Rheinseite nach allen Regeln der Kunst gefoult wird. Das nennt man wohl gesunde Rivalität.

Grund 35: Trikottausch

Ist doch einfach ekelhaft – dieses merkwürdige Ritual, nach dem Spiel mit seinem Gegenspieler das stinkige, verschwitzte Trikot zu tauschen. Gibt es auch nur im Fußball. Oder haben sie schon mal von Schwimmern gehört, die nach einem Wettbewerb die Badehosen tauschen?

Und überhaupt: Während des Spiels ist der Gegenspieler der böseste Mensch auf Erden. Er hat einen bespuckt, zerkratzt und wollte einem alle Knochen brechen. Und plötzlich soll Frieden sein? Zum Zeichen, daß man sich wieder verträgt, tauscht man blutige, verrotzte Stoffetzen aus? Wie kindisch!

Damit ist das Thema aber noch nicht beendet. Was macht man denn mit dem Lumpen, wenn man zuhause ist? Darf man ihn waschen oder verliert er dann seine »Magie«? Die alten Trikots aus Baumwolle werden sich nach Jahren selber zersetzen – Problem erledigt.

Aber die neuen Glanzdinger sind aus Plastik und halten ewig. Irgendwann einmal, wenn es auf der Erde keine Menschen mehr gibt, wird ein Raumschiff hier landen und haufenweise Trikots aus Plastik finden. Was werden die außerirdischen Intelligenzen von uns denken?

Grund 36: Jubelorgien

Was hat sich da nur für eine Unkultur entwickelt, seitdem die Torschützen wissen, daß ihr Jubel im Fernsehen gezeigt wird. Nun wissen wir: Schlimmer als ein schlechter Verlierer ist ein jubelnder Triumphator. Kaum noch einer läßt es darauf beruhen, sich bei dem Mitspieler zu bedanken, der den Treffer vorbereitet hat. Statt dessen glauben alle zeigen zu müssen, was für tolle, individuelle Typen sie doch sind.

Angefangen hat es natürlich mit den Brasilianern, die nach einem Tor an der Eckfahne einen Sambatanz hinlegten. Labertaschen wie Gerd Rubenbauer bekommen dann feuchte Augen und sabbern was von »Rhythmus im Blut«.

Bis sich der Blödsinn in Deutschland durchsetzte, dauerte es noch eine ganze Weile. Deutsche Spieler sind halt eher etwas hüftsteif. Dafür fanden sie andere Mittel und Wege, sich als peinliche Gewinner zu geben. Stefan Kuntz pflegte nach einem Tor in die Knie zu gehen und die Bewegung einer Säge nachzuahmen. Kein Mensch weiß, warum. In England lernte Jürgen Klinsmann nach einem Tor den sogenannten »Diver«. Kopfüber sprang er auf den Rasen und rutschte bäuchlings einige Meter über das Gras. Nachher ärgerte er sich, daß er sich total naß gemacht hatte, ihm kalt wurde und deshalb sein »kleiner Klinsmann« noch ein wenig schrumpfte.

Andere Spieler laufen nach einem Tor wie bei einem Ritterturnier zur Angebeteten. Dort machen sie eine Ich-wiege-ein-Baby-Bewegung. Manchmal bedeutet es, daß er das Tor seinem Baby widmet, dann freut sich die Mutter des Kindes. Manchmal sollen sich aber auch die Lebensgefährtinnen gedanklich darauf vorbereiten, in der Nacht ein Kind gemacht zu bekommen. Nicht wenige Frauen sind danach aus dem Stadion geflohen und haben Schutz im Frauenhaus gesucht.

Grund 37: Siegesfeiern

Es ist traurig: Völlig gleichgültig, welcher Verein gerade einen wichtigen Titel gewonnen hat – Immer sitzen die Spieler im Ermüdungsbecken und rauchen Zigarre. Toll! Gegen diese Jungs sind Vater Beimer aus der Lindenstraße oder Pfarrer Jürgen Fliege geradezu richtige Temperamentsbolzen.

Leider hatten die Münchner Bayern in den letzten Jahren viel zu oft Grund, eine »Party« zu schmeißen. Erschütternd ist es dann jedes Mal anzusehen, wie Hoeneß seine Mannen in Lederhosen steckt. Das soll wohl eine Mordsgaudi sein. Aber gerade die ausländischen Spieler der Bayern machen regelmäßig ein unglückliches Gesicht, erst recht, wenn sie zu allem Unglück auch noch von einem Fotografen der BILD-Zeitung abgelichtet werden.

Am Tag nach einer Siegesfeier sieht man die Spieler dann mit Sonnenbrillen durch die Gegend irren. Wollen sie uns denn wirklich weismachen, daß sie die ganze Nacht durchgemacht haben? Mit Ottmar Hitzfeld kräftig einen gehoben? Mit Markus Babbel auf den Tischen getanzt? Oder haben sie einfach im Fernsehen gesehen, wie es die Rockstars machen?

Grund 38: Interviews nach dem Spiel

Mittlerweile stehen bei einem Fußballspiel mehr Reporter am Spielfeldrand, als Groupies vor der Backstagetür bei einem Robbie-Williams-Konzert. Kein Wunder also, daß kaum ein Spieler die Umkleidekabine erreicht, ohne ein Statement zum Spiel abzugeben.

Wir wollen hier auch nichts hochsterilisieren (Labbadia) und uns über die Stilblüten einzelner Spieler lustig machen. Die Situation ist zwar schon aussichtslos, aber nicht kritisch (Effenberg). Außerdem können wir an der Stelle das Thema auch nur retuschieren (Olaf »der Professor« Thon). Dabei würden am Ende die Spieler noch behaupten, in den Medien gäbe es ein Kompott gegen sie. Und das wollen wir doch nicht.

V. DIE TRAINER

Wird der Beruf des Trainers überschätzt? Könnten auch wir eine Mannschaft wie Bayern München zum Deutschen Meister machen? Oder hilft letztlich doch nur eine jahrelange, fundierte Ausbildung, um in diesem angeblich harten Job zu bestehen? Alles Fragen, die wir im folgenden Abschnitt garantiert nicht beantworten werden. Aber dafür erfahren sie andere interessante Dinge.

GRUND 39: BERTI VOGTS

Ende 1946 in einem kleinen Dorf am Niederrhein. Ein kleiner, ein sehr kleiner Junge erblickt das Licht der Welt und verbeißt sich sofort nach seiner Geburt in das linke Bein der Hebamme – der Terrier Berti Vogts war geboren. Diese frühkindliche Erfahrung scheint Vogts sehr geprägt zu haben und zieht sich fortan durch sein ganzes Leben. Schon bald wird seine außergewöhnliche Begabung von Talentspähern erkannt und es beginnt eine steile Karriere als Manndecker. Oft werden seine Gegner auf dem Fußballplatz mit klaffenden Bißwunden vom Feld getragen, während Berti ihnen mit hochgezogenen Lefzen höhnisch hinterher blickt.

In den Siebzigern entdeckt Berti Vogts seine Verbundenheit zur Politik. Konsequent zieht er auch hier seine Linie durch;

Gnade ist und bleibt für ihn ein Fremdwort. Er outet sich, in der Tradition großer Politiker wie Pol Pot und Franz-Josef Strauß, als glühender Verfechter der Todesstrafe. Die gegnerischen Stürmer haben jetzt noch mehr Respekt bzw. Angst vor dem offensichtlich durchgeknallten Niederrheiner und vermeiden jeden Zweikampf. Die Folge: Vogts' Verein, Borussia Mönchengladbach, wird fünfmal Deutscher Meister.

Nach seiner aktiven Zeit als Fußballer schließt sich fast nahtlos eine Laufbahn als Trainer an. Vogts zieht sich weitgehend aus dem politischen Tagesgeschäft zurück, entdeckt dafür aber seine soziale Ader. Gesellschaftliche Mißstände prangert er gewohnt gnadenlos an und öffnet uns die Augen für die wirklich dringenden Probleme, die Deutschland bedrücken. So analysiert Vogts messerscharf einen Nike-Werbespot, der vor der WM 1998 in Frankreich häufig im Fernsehen geschaltet wird. In dem kurzen Filmchen spielen einige brasilianische Nationalspieler im Terminal eines Flughafens Fußball. Der Rest der Welt sah diesen Spot einfach als nette, aber nichtssagende Werbung. Nicht so unser Bundesberti: »Gerade diesen Nike-Spot sehe ich sehr negativ. Es beginnt doch die Reisezeit. Stellen Sie sich nur vor, die Kinder beginnen jetzt auf den Flughäfen, mit Bällen herumzudribbeln!«

Mein Gott, der Mann hat ja so recht! Unverantwortlich, was diese Brasilianer auf Flughäfen treiben! Nur gut, daß es einen Menschen gibt, der seinen Finger in die offenen Wunden legt und nicht alles durchgehen läßt. Danke, Berti.

Grund 40: Erich Ribbeck

Was haben wir gelacht, als kurz nach der 98-er WM in Frankreich Erich Ribbeck Teamchef der deutschen Nationalmannschaft wurde. Zunächst dachten wir an einen guten Witz des DFB. Als noch dazu bekannt wurde, daß Uli Stielike sein Assistent wird, sahen wir uns bestätigt. Das böse Erwachen folgte auf dem Fuß: Ribbeck, der bis dato bei L'Oreal unter Vertrag stand, und der immer adrett gekleidete Stielike übernahmen das Kommando über unsere Elf.

Über die fachliche Fußballkompetenz des schönen Erich gibt es nichts zu diskutieren – sie ist schlicht und einfach nicht vorhanden. Folglich muß der Mann andere Qualitäten haben, die ihn befähigen, solch ein verantwortungsvolles Amt zu übernehmen. Der DFB war wohl der Ansicht, daß nach dem etwas drögen Hans-Hubert Vogts nun ein Trainer folgen sollte, der es etwas besser versteht, mit den Medien umzugehen. Und tatsächlich: Mit einer gewissen Nonchalance meistert Ribbeck seine Interviews, macht aber gleichzeitig einen entscheidenden Fehler: Die Verwendung des rhetorischen Stilmittels der Ironie. Drei Beispiele:

»Natürlich, die putzen wir mit 10 Toren. Mindestens!« (Ribbeck bei der Auslosung zur EM 2000 auf die Frage, ob Rumänien eher ein leichter Gegner sei.)

»Ich bin hocherfreut, daß wir 0-4 hinten liegen!« (Ribbeck als Trainer von Bayern München in der Halbzeitpause zu einem Reporter.)

»Es ist egal, ob ein Spieler bei Bayern München spielt oder sonstwo im Ausland!«

Journalisten sind eventuell noch in der Lage, solche Anspielungen zu verstehen, der normale Fußballfan dagegen nicht. Kein Wunder, daß Erich Ribbeck bei ihnen kaum noch Kredit hat: Erstens merken sie, daß der Mann vom Fußball keine Ahnung hat, zweitens halten sie den schönen Erich wegen seines seltsamen Humors für leicht degeneriert.

Ja, schön ist er, unser Teamchef! Farblich perfekt abgestimmte Klamotten, braungebrannt selbst im tiefsten Winter und eine Frisur, bei der John F. Kennedy neidisch geworden wäre – so kennen wir Ribbeck und so möchten wir ihn auch sehen. Allerdings nicht als Trainer der Nationalmannschaft.

Grund 41: Franz Beckenbauer, zum zweiten

Wir sind wieder im Gerichtssaal. Franz Beckenbauer scheint seine Nerven wieder im Griff zu haben und die Zuschauer erwarten den nächsten Anklagepunkt des Staatsanwaltes – es geht um Franz Beckenbauers Zeit als Trainer.

Staatsanwalt
Ihre Trainerkarriere verlief, bis auf wenige Ausnahmen, ebenfalls recht erfolgreich. Im Jahr 1990 wurden sie als Teamchef der Nationalelf sogar Weltmeister.
Beckenbauer
Allerdings! Haben's auch gesehen, wie ich nach dem Sieg gedankenverloren über den Platz geschlendert bin?
Staatsanwalt
Die Fragen stelle ich, Herr Beckenbauer, aber zu Ihrer Beruhigung: Ja, diese grenzenlose Selbstdarstellung habe ich gesehen. Reden wir lieber über die Zeit kurz nach dem Spiel. Sie übergaben Ihr Amt an Ihren Nachfolger. Erinnern Sie sich noch an Ihre Worte zu diesem Anlaß?
Beckenbauer scheint angestrengt nachzudenken.
Beckenbauer
Ich weiß nicht mehr, ich red' so viel, wenn der Tag lang ist, verstehn's?! Am besten, Sie fragen ihn selbst.
Staatsanwalt
Genau das werde ich auch tun. *(ruft)* Die Staatsanwaltschaft ruft den Zeugen Hans-Hubert Vogts.
Berti Vogts betritt den Verhandlungssaal. Ohne Franz Beckenbauer eines Blickes zu würdigen nimmt er im Zeugenstand Platz.
Staatsanwalt
Herr Vogts, erinnern Sie sich noch an die Worte des Angeklagten, nachdem Sie sein Amt beerbten?
Vogts
Die Mannchaft hatte während der Weltmeisterchaft in Italien

chöne Spiele abgeliefert und hatte den Titel verdient gewonnen, ja. Ich freute mich sehr, die Mannchaft zu übernehmen, ja.
Verstohlenes Lachen im Saal.
Beckenbauer *(zu den Zuschauern)*
Seid's doch still. Der Berti kann doch nix dafür, daß er so deppert spricht!
Die Zuschauer gröhlen.
Richter
Ruhe!! *(zu Vogts)* Berichten Sie, was dann geschah.
Vogts
(leicht erregt) Dann hat der Franz diesen Satz gesagt, der mich in meine chlimmsten Träume verfolgte, ja. *(schluckt)* Er sagte: »Diese Mannchaft wird auf Jahre hinaus unchlagbar bleiben«. *(Er kämpft mit den Tränen.)* Dieser eine Satz war wie eine chwere Last auf meinen Chultern, ja. *(bricht in Tränen aus)* Ich hatte doch von Anfang an keine Chanche!
Berti Vogts wird, von zwei Beamten gestützt, aus dem Saal geführt. Noch lange hallt sein Schluchzen den Prozeßbeteiligten und den Zuschauern in den Ohren. Der Staatsanwalt holt tief Luft.
Staatsanwalt
Bewundernswert, wie dieser kleine Mann versucht hat, sich durchzusetzen. Trotz *(blickt angewidert zu Beckenbauer)* der vernichtenden Aussage des Angeklagten, der ohne mit der Wimper zu zucken Karrieren zerstört!
Beckenbauer bleibt unbeeindruckt.
Beckenbauer
Ja gut, der Berti ist ein Weichei, das weiß doch jeder! Ich selbst mach mir doch die größten Sorgen, daß der Berti den *(lacht)* nächsten harten Winter nicht überlebt!
Buh-Rufe im Saal, den einige Zuschauer aus Solidarität mit Berti Vogts verlassen. Der Staatsanwalt schnauft hörbar durch die Nase und wendet sich zum Richter.
Staatsanwalt
Herr Vorsitzender, auch mich schockt diese Unverfrorenheit

des Angeklagten zutiefst. Ich denke, wir alle haben eine weitere kleine Pause verdient.

Das denken wir auch, liebe Leser. Aber verpassen Sie nicht den dritten und letzten Teil des großen Prozeßes gegen Franz Beckenbauer! Hier, in diesem Buch, in wenigen Minuten. Bleiben Sie dran!

Grund 42: Christoph Daum

Es beschleicht einen ein seltsames Gefühl, wenn Christoph Daum auf dem Fernsehschirm zu sehen ist. Die meiste Zeit wirkt Daum fahrig und blickt mit wilden Augen in der Gegend herum, vergleichbar mit einem Drogenabhängigen auf Turkey. Dieser Mann steht ständig unter Strom und versucht, diese Power an seine Mannschaft weiterzugeben.

Berühmt geworden ist Christoph Daum für seine Motivationskünste. Während seiner Trainerausbildung erreichte er im Fach »Psychologie« eine glatte Eins. Mit diesem Backgroundwissen ist auch Daums Auftreten in der Öffentlichkeit nicht mehr verwunderlich, denn schließlich weiß jedes Kind, daß die besten Psychologen selbst hochgradig einen an der Klatsche haben.

Als Kölner Cheftrainer versuchte Daum sofort, seine neu erworbenen Kenntnisse in die Praxis umzusetzen. Fast schon legendären Charakter hat die Geschichte, wie der Coach des FC seine Mannschaft vor dem Spiel gegen Werder Bremen heißmachte: Er heftete 35 Tausendmarkscheine an die Kabinentür und schrie: »Das ist eure Meisterschaftsprämie! Wollt ihr sie euch von den Bremern wegnehmen lassen?« Toll, Christoph, wären wir nie im Leben drauf gekommen!

Weniger bekannt sind folgende Anekdoten: Vor einer wichtigen Partie gegen Bayer Leverkusen urinierte Daum vor dem versammelten Kölner Team auf ein Mannschaftsfoto des verhaßten rheinischen Rivalen. Danach verspeiste er es genüßlich.

Sein Meisterstück der psychologischen Trickkiste packte Daum aber in der Halbzeitpause des Auswärtsspiels bei 1860 München aus. Die »Löwen« führten fast uneinholbar mit 1-0, also raste Daum mit einem gestohlenen Fahrzeug kurzerhand zum Münchner Zoo, entwendete einen 1a-Löwen und massakrierte ihn vor den Augen der Kölner Spieler auf brutalste Weise. Mit Erfolg: Der FC nahm einen Punkt mit an den Rhein.

Grund 43: Ewald Lienen

Unter den deutschen Fußballehrern stellt Ewald Lienen eine große Ausnahme dar. Der ehemalige Bundesligaspieler arbeitet ruhig und besonnen und hält nichts von großen Versprechungen vor einer Saison à la »Wir holen mindestens sechs Titel!« Somit bietet Lienen eigentlich keine Angriffsfläche, um ihn in einem Buch wie diesem unter Beschuß zu nehmen.

Wenn seine ewige Zettelwirtschaft nicht wäre. Der Mann steht 90 Minuten am Spielfeldrand und schreibt und schreibt und schreibt. Natürlich will alle Welt liebend gerne wissen, was denn der Ewald da so fleißig notiert. Bisher verweigerte der Trainer dazu jede Auskunft. Doch die beiden Autoren kamen auf eine großartige Idee: Nach einem Spiel des 1. FC Köln, Lienens derzeitigem Verein, suchten wir auf der Tartanbahn nach den Aufzeichnungen des Außenseiters. Und tatsächlich: Wir fanden einen dieser Zettel, leider vom Regen völlig durchweicht und nicht mehr komplett lesbar. Aber immerhin: Einige Passagen von Ewald sind noch sehr gut zu entziffern. Hier der Abdruck:

... Spiel hat gerade angefangen. Hoffe sehr, daß mein Bleistift bei diesem Sauwetter hält ... Merken: Unsere Nummer 7 hat die Haare viel zu lang; dringend zum Friseur schicken ... Verflucht! Morgen hat Mutti Geburtstag. Vergessen, Geschenk zu kaufen! Scheiß Familien-

feiern, hab wirklich besseres zu tun ... kommt das »Das Traumschiff« im ZDF! Meine Lieblingsserie, gleich nach »Dr. Stefan Frank. Leider kein Knabbergebäck mehr zu Hause – an der Tankstelle welches besorgen. Obwohl: Viel zu teuer! Noch mal überdenken ... juckt unglaublich! Aber ich kann mich doch vor 20.000 Zuschauern nicht am Sack kratzen; macht keinen guten Eindruck in der Öffentlichkeit ... ist Halbzeit. Hab vom Spiel so gut wie nichts mitbekommen. Trotzdem schlaues Gesicht machen und versu ...

Hier enden die Aufzeichnungen von Zettel-Ewald. Schade, gern hätten wir noch gelesen, was ihm in der zweiten Halbzeit so alles in den Sinn gekommen ist. Trotzdem war es sehr interessant, Einblicke in das Seelenleben eines Fußballtrainers zu bekommen. In Zukunft werden wir diese Menschen sicherlich mit anderen Augen sehen.

Grund 44: Udo Lattek

Udo Latte(k), der Mann mit dem beneidenswerten Nachnamen, ist als erfolgreichster Vereinstrainer in die Fußballgeschichte eingegangen. Unzählige Titel hat der Ostpreuße in seiner Sammlung – und manchmal sogar doppelt so viele.

Dann nämlich, wenn der Udo wieder mal ordentlich gebechert hat. Denn der Genuß von Alkohol zählt zu seinen größten Leidenschaften, wovon letztlich auch seine Mannschaften profitierten. Statt Auslaufen stand bei Lattek Aussaufen auf dem Programm, und so lange der Mann Erfolg hatte, ließ man ihn gewähren. »Ein Trainer, der nicht säuft, ist kein Trainer!« Kein anderer Fußballehrer der Welt beherzigte Latteks Ausspruch so sehr wie er selbst. Obwohl man fairerweise sagen muß, daß in seinem Pausenkognak oft genug Spuren von Tee gefunden wurden.

Daß übermäßiger Alkoholgenuß auf Dauer Körper und Geist schädigt, bewies uns Udo Lattek als sportlicher Direktor beim 1. FC Köln. Es ist schon verrückt genug, bei diesem Verein einen

Job anzutreten, aber Udo Lattek war offensichtlich nicht mehr Herr seiner Sinne. Von Tag zu Tag wirkte er ungepflegter und saß monatelang wie ein Häufchen Elend mit dem gleichen blauen Pulli auf der Tribüne. Um Fragen neugieriger Reporter im Keim zu ersticken, verkaufte der FC der Öffentlichkeit dieses traurige Kapitel als Ritual und behauptete, die Erfolgsserie der Mannschaft sei auf das fortgesetzte Tragen dieses häßlichen Wäschestücks zurückzuführen.

Die Medien machten dieses Spiel mit und ersparten so einem verdienstvollen Trainer seinen bitteren Abgang.

Grund 45: Felix Magath

Man muß seine Mannschaft schon sehr hassen, um ihr einen Trainer wie Felix Magath zu wünschen. Denn dieser Mann ist grausam.

In seiner aktiven Zeit als Spieler machte man sich noch lustig über ihn. Nie sah er bei Interviews seinem Gesprächspartner in die Augen. Und auch sonst war er eine verhuschte Erscheinung. Aber dann verwandelte er sich in eine böse Trainer-Domina und jetzt lacht niemand mehr. Eine der von Magath trainierten Mannschaften (der Name ist den Autoren bekannt) verlieh ihm den Spitznamen »Saddam«. Huch!

Magaths wahres Ich zeigt sich nach einer Niederlage. In diesen Momenten erinnert sich Felix gerne an sein Lieblingsmotto: »Qualität kommt von Qual« und läßt seine Elf schon mal stundenlang im Entengang über den Fußballplatz watscheln. So treibt die Angst vor diesen Konsequenzen das Team zu Höchstleistungen. Auffällig ist nämlich, daß Magath in den ersten Monaten bei einem neuen Verein recht große Erfolge feiert. Aber irgendwann ist die Erschöpfung bei den Spielern größer als die Angst vor Folter-Felix. Zum Glück schaltet sich regelmäßig amnesty international ein und erwirkt die Entlassung Magaths.

Grund 46: Huub Stevens

Eines der gefährlichsten Subjekte für den deutschen Fußball ist der z.Zt. auf Schalke arbeitende Trainer Huub Stevens. Dieser Mann versucht mit den perfidesten Tricks die Bundesliga zu schwächen und die Fans für dumm zu verkaufen. Seitdem er in Gelsenkirchen tätig ist, wird der Traditionsverein mit holländischen und belgischen Spielern eingedeckt; laut unseren Informationen soll eine Umbenennung in »Schalkje 04« unmittelbar bevorstehen.

Die Fans und Fernsehzuschauer veräppelt der Holländer regelmäßig mit Weisheiten, deren Aussagekraft mit dem Nährwert des niederländischen Nationalgerichts, den Fritten, vergleichbar sind. »Wir müsse aus eine sichere Abwehr spielen« oder »Wenn du eine Tor schießt und das Gegner keins, hast du das Partie gewonne« sind nur zwei aus einer unzähligen Menge von Nullsätzen, die Stevens gerne absondert.

Überhaupt scheint die Zahl »Null« in Huubs Leben eine entscheidende Rolle zu spielen. Einer seiner Standardsprüche, »Die Null muß stehen«, begeistert das Fußballvolk so dermaßen, daß man nur noch den Kopf schütteln kann. Vielleicht haben die Fans der Schalker noch nicht begriffen, daß der Mann den Satz nicht nur so daher brabbelt, sondern auch noch so spielen läßt: Mit 11 Mann hinten rein und vorne hilft vielleicht der Schalker Fußballgott – italienische Ergebnisse sind an der Tagesordnung. Die Null muß stehen. Ach, Huub, setz Dich doch!

Grund 47: Otto Rehhagel

In Fußball-Deutschland gibt es eine weit verbreitete Ansicht, die da lautet: Otto Rehhagel ist der überschätzteste Trainer in der Bundesliga. Dem gilt es energisch zu widersprechen! Otto Rehhagel kann als Trainer nicht überschätzt werden, weil er gar kein Trainer ist. Jeder, der auch nur einen Funken Fußballverstand besitzt, weiß, daß seine Frau Beate die Zügel fest in der Hand hat. Sie entscheidet, wer am Spieltag aufläuft, welche Taktik eingeschlagen wird und erklärt ihrem Mann nach dem Spiel, wer als Sieger vom Feld gegangen ist und warum.

Nur ein einziges Mal konnte er Beate überreden und durfte die Mannschaft selbst ein- und aufstellen. Die Katastrophe nahm ihren Lauf, das Ergebnis war mehr als ernüchternd: Ein saftiges 0:12 bei Borussia Mönchengladbach, welches die sofortige Suspendierung Rehhagels nach sich zog. Danach war im Hause Rehhagel die alte Rangordnung wieder hergestellt.

Grund 48: Die anderen Irren

... auf der Trainerbank. Natürlich trifft man in jedem Beruf auf Knallköpfe aller Art. Aber gerade im Fernsehsport Fußball kommt ja alles direkt an die Öffentlichkeit. Nehmen wir doch Werner Lorant. Genau, das ist der Trainer, der in seinem Verhalten an einen Pitbull-Terrier der übelsten Sorte erinnert. Oder sehen wir uns Peter Neururer an. Wenn ein Verein ihn verpflichtet, muß es dem Club richtig dreckig gehen. Der Berufsprolet mit der Ruhrpottschnauze bringt es bei jedem Amtsantritt fertig zu behaupten, schon seit seiner Kindheit Fan dieses Vereins zu sein. Und das ohne rot zu werden!

Legendär ist auch seine pseudowissenschaftliche Arbeitsweise. Von Spielermatrixen bis Soziogrammen rührt er immer wieder eine gewaltige Schaumschlägerei an, die vielleicht schlichtere Gemüter einer Mannschaft eine Zeit lang beeindruckt. Dabei hat dieser Mann ungeahnte Qualitäten. Wer ihn in einem Sketch von »Vorsicht Kamera« gesehen hat, weiß, daß er ein passabler Schauspieler ist. Wir könnten ihn uns in einer Rolle als stinkiger Mexikaner in einem Italo-Western prima vorstellen.

VI. WELT- UND EUROPAMEISTERSCHAFTEN

Das Nonplusultra für jeden Fußballfan sind Welt- und Europameisterschaften. Bis zu vier Wochen lang dürfen wir die Superstars bewundern und traumhafter Fußball wird zelebriert. Die besten Mannschaften der Welt oder Europas werden uns via TV direkt ins heimische Wohnzimmer geliefert. Einige davon haben wir genauer unter die Lupe genommen.

Grund 49: Deutschland

Es gab einmal selige Zeiten im deutschen Fußball. Die Nationalmannschaft spielte nicht immer schön, aber relativ erfolgreich. Ein Mythos bildete sich, den Gary Lineker auf den Punkt brachte: »Fußball ist ein einfaches Spiel: 22 Spieler, drei Schiedsrichter, ein Ball und am Ende gewinnt immer Deutschland.« Doch dann kam Berti Vogts.

Die Chronik eines Untergangs
– WM 1990: Deutschland wird, wie üblich, Weltmeister. Teamchef Franz Beckenbauer übergibt sein Amt an Berti Vogts mit den vorsichtig gewählten Worten: »Diese Mannschaft wird auf Jahre unschlagbar sein!«. Nichts Neues also.
– EM 1992: Lange Zeit ahnt niemand etwas Böses. Deutschland gurkt sich, wie gehabt, ins Finale. Dort wartet Dänemark – ganz Deutschland lacht. Von den Dänen, die eigentlich für das Turnier nicht qualifiziert und für Jugoslawien nachgerückt waren, war bisher nur bekannt, daß sie sich ausschließlich von Hamburgern ernähren, in der Halbzeit Pornofilme schauen und sich jeden Abend bis zum Anschlag vollaufen lassen. Leichtes Spiel also für unsere Elf, die 0:2 verliert.
– WM 1994: Ein Super-GAU. Das Viertelfinale gegen eine unterernährte bulgarische Mannschaft geht verloren. Sonnenklar, daß Berti Vogts zurücktritt, sich öffentlich auspeitschen

läßt und verspricht, nie mehr an Fußball zu denken. Nichts von alldem passiert.

– EM 1996: Deutschland wird Europameister. Normal.

– WM 1998: Knappe 0:3 – Niederlage im Viertelfinale gegen Kroatien. Die Kroaten waren zwar als äußerst schußstark bekannt, allerdings nicht auf dem Fußballplatz. Später quasselt Berti Vogts wirres Zeug, redet von einer Verschwörung gegen das deutsche Team und outet sich damit endgültig als völlig durchgeknallt. Wieder will er, trotz der Andeutung eines Boulevardblattes (»Berti, hau endlich ab!«), nicht zurücktreten. Schließlich hilft ein dezenter Besuch des BND.

Der DFB entschließt sich, einen ausgewiesenen Fachmann als Bundestrainer zu verpflichten – und entscheidet sich für Erich Ribbeck! Der gilt zwar nur als Fachmann für Fönfrisuren, Fußpflege und Faltencremes, aber immerhin.

Und so geht's weiter:

– EM 2000: Noch vor dem ersten Spiel wird die deutsche Nationalmannschaft wieder nach Hause geschickt. Die FIFA wertet, völlig zurecht, das grobkarierte Jackett von Uli Stielike als groben Verstoß gegen die Sportlichkeit – drei französische Spieler starben an Augenkrebs.

– WM 2002: Im ersten Vorrundenspiel zerzaust ein Windstoß die Frisur von Erich Ribbeck. Geschockt zieht der DFB daraufhin das Team vom Wettbewerb zurück. Kleiner Trost: Mit null gelben und roten Karten gewinnt Deutschland den Fair-Play-Pokal.

– EM 2004: In der Qualifikation gescheitert.

– WM 2006: Als Ausrichter qualifiziert sich Deutschland souverän für die Weltmeisterschaft, scheidet aber unglücklich in der Vorrunde gegen die Faröer Inseln, Liechtenstein und Burundi aus. Lothar Matthäus wird zum ältesten Spieler der WM gewählt.

Grund 50: Frankreich

Was war das für ein Schock, als bei der WM 1998 Frankreich im eigenen Land Weltmeister wurde! Zunächst dachten wir an einen Scherz der »Versteckten Kamera«, und jeden Augenblick erwarteten wir, daß sich der Schiedsrichter im Endspiel als Thomas Ohrner entpuppt: »Ha Ha, war doch alles nur Spaß! Und jetzt viel Vergnügen mit der echten WM!«

Tja, war wohl nix – die Froschbeinfresser haben das Turnier tatsächlich gewonnen. Doch sieht man sich einmal die bisherigen »Erfolge« der »Equipe Tricolore« an, wird schnell deutlich: Bei dem Titelgewinn kann es nicht mit rechten Dingen zugegangen sein. Und tatsächlich: Schon vor der Weltmeisterschaft gab es Verdachtsmomente, die einen Betrug nahelegten. Beispielsweise wurde der Stammtorwart der französischen Nationalelf, Bernard Lama, aus der Mannschaft geworfen, weil er regelmäßig dem Genuß von Haschisch frönte. Ein eindeutiger Fall von Doping!

Die dreisteste Gaunerei stellt aber das Finale gegen Brasilien dar, welches die Franzosen 3-0 gewannen. 3-0 gegen Brasilien! Offensichtlicher geht's nimmer! Bis heute ist nicht geklärt, mit welchen Tricks gearbeitet wurde, um das Spiel, auch noch in dieser Höhe, zu gewinnen. Man spricht davon, daß die Brasilianer am Morgen des Endspieltages mit Baguettes im Hintern aufgewacht sind, die auf die Schnelle nicht mehr zu entfernen waren. Das würde zumindest die etwas hölzerne Spielweise der Brasilianer im Finale erklären. Wie die Stangenbrote dorthin gelangt sind? Das weiß wohl nur der französische Fußballverband.

Grund 51: Italien

Gemessen an ihren Erfolgen sind die Italiener die größten Angeber im internationalen Fußball. Nun gut, drei Weltmeistertitel scheinen zunächst das Gegenteil zu beweisen. Doch zwei davon wurden in den Jahren 1934 und 1938 gewonnen; also in einer Zeit, in der das Niveau des Fußballs eher zu wünschen übrig ließ und sogar Mannschaften wir Uruguay ganz vorne mitspielten. Den einzig »richtigen« Titel errang die »Squadra Azzurra« im Endspiel der WM 1982 gegen Deutschland. Und auch dieser Triumph ist zu relativieren: Schließlich haben »wir« die Italiener gewinnen lassen, damit sich ihr greiser Staatspräsident ein letztes Mal so richtig freuen konnte.

Trotzdem lieben die Tifosi, die durchgeknallten italienischen Fans, ihre Spieler abgöttisch. Das verwundert um so mehr, da Italiens Spielweise alles andere als attraktiv ist, was am Beispiel des »Catenaccio« leicht zu beweisen ist. Der »Catenaccio« ist weder ein italienisches Nudelgericht noch eine ausgefallene S/M-Praktik, sondern laut Duden »eine Sperrkette, Riegel. Die besondere Verteidigungstechnik im Fußballspiel, bei der sich bei einem gegnerischen Angriff die gesamte Mannschaft kettenartig vor dem eigenen Strafraum zusammenzieht«. Diese Taktik hört sich wirklich interessant an: Das eigene Tor sauberhalten und selbst kein Tor schießen, weil sich alle Spieler um den eigenen Torhüter versammelt haben! Warum aber dann diese Hysterie unter den italienischen Anhängern? Die Antwort ist simpel: In einem Land, wo wirtschaftlich so rein gar nichts funktioniert und Organisation ein Fremdwort ist, freut man sich wenigstens, wenn bei einem Fußballspiel die eigene Abwehr vernünftig arbeitet.

Schlimmer als alle taktischen Sperenzchen sind aber die Spieler selbst. Vor einem Länderspiel geht es in der italienischen Kabine zu wie im AVON-Schönheitssalon. Hier wird dermaßen gestylt, gezupft und gepudert, daß man den Eindruck kriegen könnte, die Jungs bereiten sich eher auf den samstäglichen Diskobesuch als auf ein Fußballspiel vor. Die Haare werden in die Form lächerlicher Zöpfchen gebracht, hängen weibisch herunter oder werden mit mehr Fett zugekleistert als in eine handelsübliche Friteuse paßt. Dazu spätpubertäre Dreitagebärte, die Indiana Jones alle Ehre machen würden.

Auf dem Platz schließlich erinnern Gestik und Mimik der Italiener eher an Rockgitarristen, deren Gedanken bei ihrem Solo nur darum kreisen, nach dem Konzert oral befriedigt zu werden.

Grund 52: Brasilien

Es ist bei jeder Fußball-WM das gleiche Spiel. Man sieht sich zu mehreren ein Spiel der Brasilianer an und plötzlich wimmelt es von jungen Studentinnen der Ethnologie oder Lateinamerikanischen Regionalwissenschaften. Wir könnten hier eine genaue Analyse dieses Phänomens von Sextourismus via TV ausführen. Aber wir sind viel zu stolz darauf, hinter das Geheimnis des brasilianischen Fußball gekommen zu sein, als daß wir uns mit solchen Kleinigkeiten aufhalten. Es ist die Armut im Land. Da in der Regel niemand einen Ball hat, gibt er ihn nicht wieder her, wenn er mal einen zugespielt bekommen hat. Für diesen Moment hat er jahrelang traininert, z.B. Techniken, die es verhindern, daß ein anderer ihm den Ball abnimmt. Alles dargestellt im Nike-Werbespot, der auf dem Flughafen spielt.

Eins ist jedenfalls sicher: Echte Männer können die ballverliebten Sambaschwuchteln in ihren knappen Höschen nicht ausstehen.

Grund 53: England

Die Geschichte des Fußballs ist eine Geschichte voller Mißverständnisse. Und die größte Lüge verbreiten die Engländer mit der Behauptung, daß sie das Mutterland des Fußballs seien. Doch eine Lüge wird durch ständige Wiederholung kein Stück wahrer. We're sorry, aber der Vorläufer des Fußballspiels kam eindeutig aus China. Schon im 2. Jahrtausend v. Chr. spielten die Chinesen das »Ts'uh – küh«, welches dem heutigen Gekicke doch recht ähnelte. Erst in der Mitte des 19. Jahrhunderts entwickelten die Engländer daraus den Rugbysport – und so spielten sie auch lange Zeit. Jahrzehntelang hießen englische Verteidiger Butcher oder Bull – die Namen waren Programm.

Überhaupt hat/hatte das englische Team merkwürdige Spieler in seinen Reihen. David Seaman, seines Zeichens Torhüter, erinnert frappant an eine knallharte Lederschwuchtel. Was der nach dem Spiel so alles anstellt, wollen wir lieber nicht genau wissen!

Engländer glauben felsenfest daran, daß alle Welt ihre Art Fußball zu spielen bewundert. Aber das ist genauso ein Trugschluß wie die Behauptung, das labberige Zeug namens Ale sei irgendwie mit einem richtigen Bier vergleichbar. Was kann man von Typen wie Paul Gascoigne schon großartig lernen? Saufen, Rauchen und ausfällig werden können wir selbst. Neidisch könnte man höchstens werden, wenn man sieht, welches unverschämte Glück David Beckham gehabt hat. Wir meinen nicht die heute üblichen horrenden Gehälter, die diese Milchgesichter auf zwei Beinen kassieren. Aber ein längeres »Trainingslager« mit Victoria Adams (Posh-Spice) würde uns schon reizen.

Grund 54: Holland

Das Schönste, was einem normal tickenden Fußballfan passieren kann, ist eine Niederlage der holländischen Nationalmannschaft. Und zum Glück tun uns die Kicker des kleinen, unnötigen Landes konsequent bei wichtigen Spielen diesen Gefallen.

Einer der Gründe für ihr regelmäßiges Scheitern ist, ähnlich wie bei den Italienern, ihre maßlose Überheblichkeit. Nehmen wir als Beispiel die WM 1974: Schon vor dem Finale gegen Deutschland wurde intern bei den Holländern nur noch über die Höhe des Sieges diskutiert. Als sie dann auch noch in der ersten Spielminute per Elfmeter in Führung gingen, war die Partie innerlich schon abgehakt.

Das führt uns nahtlos zu Untergrund Nummer zwei: Holländer sind psychisch schwach, haben einfach kein Rückgrat. Denn als die deutsche Mannschaft zurückfightete, fiel der unsympathische Haufen um Cruyff und Co. in sich zusammen wie ein Kartenhaus bzw. Kartenwohnwagen.

Der schlimmste Anklagepunkt aber ist: Holländer sind link! Auf die legendäre Spuckattacke Frank Rijkaards wird später noch genauer eingegangen, aber auch der Ex-Nationalspieler Ronald Koeman ist ein hervorragendes Beispiel. Nach dem Halbfinale der EM 1988 gegen Deutschland wischte er sich mit dem Trikot von Lothar Matthäus seinen Allerwertesten ab. Ekelhaft! Für einen gezielten Revanchetritt in die Eier wäre Matthäus mit Sicherheit von keinem Sportgericht dieser Welt verurteilt worden.

Und schließlich wäre da noch Patrick »Gangbang« Kluivert, der, gerade dem Kinder-KZ Ajax Amsterdam entsprungen, sich an einem gepflegtem Rudelbumsen beteiligte. Vielleicht sollte er überlegen, die belgische Staatsbürgerschaft anzunehmen.

Grund 55: USA

Da haben wir uns wohl zu früh gefreut! Anstatt bei ihren komischen regionalen Sportarten zu bleiben, deren Spielregeln hier kein normaler Mensch versteht, wollen die Amerikaner jetzt auch im Fußball mitmischen. Wir wollen wirklich nicht unterschätzen, was der Basketball für die schwierige Integration extrem großwüchsiger Menschen in den normalen Alltag geleistet hat. Aber was ist Baseball? Ist es ein interaktives Lernspiel zum Trainieren der Gebärdensprache oder ist es doch eine Art Brennball für Erwachsene? Und können sie uns erklären, warum man ein Spiel, in dem man die meiste Zeit mit einem

Ei aus Leder unter dem Arm vor lebensgroßen Play-Big-Figuren wegläuft, »Football« nennt?

Das würde uns alles aber nicht weiter stören, wenn die US-Boys ihre Finger vom Fußball lassen würden. Doch alle Tricks und Finten – auch der FIFA – haben nichts genützt. Selbst die WM in den USA diente nur dem Zweck, den Amis klarzumachen, daß Fußball kein Sport für sie ist. Nur deshalb fanden viele Spiele in der Mittagszeit statt. Folgerichtig entwickelte sich in der brütenden Hitze von Los Angeles oder New York immer nur ein äußerst müder Kick.

Nichts hat es gebracht, gar nichts. Jetzt haben wir den Salat und der Fußball die siegesgewissen Amis am Hals. Denn mit ihrer »You always get what you want«-Einstellung werden sie auf Dauer im Weltfußball aufräumen. Die Deutschen haben schon jetzt keine Chance mehr. Aber was soll auch ein ballführender Andy Möller oder Mehmet Scholl machen, wenn vier ehemalige US-Marines auf sie zustürzen?! Am besten wohl die weiße Fahne hissen.

Grund 56: Uruguay

Wie kein anderes Land der Welt widmet sich der uruguayanische Fußball dem hinterhältigen Foul. Dafür gibt es in dem lateinamerikanischen Land eigens ausgestattete Versuchslabore. An Langzeithäftlingen werden hier besonders hinterfotzige Spielweisen getestet. So wurde die Blutgrätsche perfektioniert und der Griff in Weichteile überhaupt erst entwickelt.

Zur Zeit arbeiten die uruguayanischen Wissenschaftler mit akribischer Freude an Fouls, die keine sichtbaren äußeren Spuren hinterlassen. Der foulende Spieler kann sich dann leichter herausreden und den Geschädigten als Simulant beschimpfen.

Tja, leider nur werden wir die Ergebnisse in der nächsten Zeit nicht bewundern können, denn der sportliche Erfolg läßt zu wünschen übrig. Auch für die nächste WM wird sich Uruguay wahrscheinlich wieder nicht qualifizieren können.

Wir setzen unsere ganze Hoffnung auf die FIFA. Dort hat die Knochenbrecher-Gewerkschaft in der Bundesliga mit Thomas Hajto und Helmut Rahner an der Spitze eine Petition eingereicht. Sie fordern eine Wildcard für Uruguay und argumentieren, ihnen würde ansonsten wichtiger Anschauungsunterricht vorenthalten. Viel Erfolg!

Grund 57: Kolumbien

Ein ganz besonderes Land im internationalen Fußballzirkus ist Kolumbien. Immer wieder freut es einen, wenn das südamerikanische Land es schafft, sich für eine WM zu qualifizieren. Denn dann werden einem fantastische Geschichten serviert, die zwar nichts mit Fußball zu tun haben, aber dennoch einen hohen Unterhaltungswert vorweisen.

Die Kolumbianer sind der Schrecken aller Platzwarte. Durch den ständigen Drogenkonsum benebelt, können die Südamerikaner die weiße Spielfeldumrandung nicht mehr von einer guten Linie Koks unterscheiden. Schon beim Training sieht man die Spieler sniefend auf dem Rasen herumkrabbeln. Was diese fortgesetzte Kokserei bei den Kickern anrichtet ist unübersehbar. Nehmen wir beispielsweise den Mittelfeldmotor der Kolumbianer, Carlos Valderrama. Allein schon die Haarpracht, die gut 80% seiner Körpergröße ausmacht, fordert Lachattakken heraus, und man stellt sich unweigerlich die Frage, welchen Beruf wohl sein Friseur hat.

Oder René Higuita, der, vorsichtig ausgedrückt, exzentrische Keeper der Südamerikaner. Seine regelmäßigen, fast schon selbstmörderischen Ausflüge bis an den Strafraum des Gegners legen den Verdacht nahe, daß er sich vor dem Spiel mindestens den Elfmeterpunkt reingezogen haben muß.

Allerdings sollten wir folgendes nicht vergessen: Drogen

werden in der Regel nur konsumiert, wenn tiefgreifende Probleme vorliegen und man der Realität entfliehen möchte. Und es ist wirklich nicht einfach, ein Spieler im kolumbianischen Team zu sein. Versemmelt ein deutscher Nationalspieler einen Elfmeter, wird hier und da ein wenig gemeckert, aber ein, zwei Tage später ist alles wieder vergeben und vergessen. Nicht so in Kolumbien! Hier muß man damit rechnen, bei der Ankunft am Flughafen Bogota von einem netten Herrn abgeholt zu werden und danach mit einer Kugel im Kopf auf irgendeiner Müllkippe zu landen. Vielleicht auch eine Methode, um den Ehrgeiz unserer Kicker ein wenig anzustacheln.

Grund 58: Die Kleinen

Man kann sich in dieser verrückten Welt auf wirklich nichts mehr verlassen. Besonders an der Entwicklung des Fußballs läßt sich diese gewagte These wunderschön ablesen. Früher war es doch so: Man fuhr als große Fußballnation zu einem wichtigen Turnier, putzte in der Vorrunde mit schöner Regelmäßigkeit die kickenden Entwicklungsländer von der Platte und traf frühestens im Viertelfinale auf einen Gegner von Format.

Und jetzt? Spielt die DFB-Elf gegen die USA, Jamaika oder die Faröer-Inseln, ist man schon ganz zufrieden, wenn dabei nicht eine allzu hohe Niederlage herumkommt. Wie kommt das? Nun, zum einen haben die Kleinen mittlerweile verstanden, worum es beim Fußball geht: Einfach den Ball ins Tor schießen, möglichst in das der gegnerischen Mannschaft. Zum anderen werden sie von ihren Verbänden mit astronomischen Prämienversprechungen dermaßen heiß gemacht, daß sie gar nicht mehr anders können, als den Platz als Sieger zu verlassen.

Beispielsweise versprechen die Scheichs der Vereinigten Arabischen Emirate ihren Spielern pro Ballberührung einen nagelneuen Mercedes S-Klasse und pro erzieltem Treffer einen

Harem mit gut einem Dutzend Traumfrauen. Kein Wunder also, daß die Jungs bei einer Partie um ihr Leben rennen.

Der DFB kann da mit seinen lächerlichen 125.000 DM für den WM-Titel nun wirklich nicht mehr dagegen halten. Die Zukunft des Fußballs liegt bei den Kleinen.

VII. FUSSBALL IM FERNSEHEN

Früher war Fußball im deutschen Fernsehen fast eine One-man-Show der ARD, aber die Kabelsender überraschten nicht nur uns mit neuen Konzepten und Ideen. Der Fußball bekam endlich den Stellenwert, den er verdient.

Doch die Zeit bleibt nicht stehen: Es kann nicht mehr allzu lange dauern, bis sich die Pay-TV-Haie den Fußball unter den Nagel gerissen haben. Höchste Zeit für einen melancholischen Rückblick.

Grund 59: ARD-Sportschau

Die gute alte Sportschau, die Mutter aller Fußballsendungen – was ist nur aus ihr geworden? In den Zeiten von »ran« und »Anpfiff« verkümmerte das einstige Flaggschiff der ARD vom Quotenrenner zum Einpenner. Da helfen auch keine aufgepeppten Grafiken oder moderne Erkennungsmelodien mehr: Die Sportschau ist abgestiegen, mindestens bis in die Regionalliga.

Was haben uns die Männer aus Köln früher für selige Fußballzeiten beschert. Spielberichte ohne den heute üblichen Mischmasch aus Nebenberichten, Interviews vor und nach dem Spiel und sich vor Enthusiasmus überschlagenden Kommentatoren. Fußball pur wurde uns geboten, nett auf fünf bis acht Minuten zusammengeschnitten. Und vor allem: Ohne jegliche Werbung! Da konnte man es gut und gerne verschmerzen, wenn uns ein übereifriger Moderator schon mal das Ergebnis versehentlich vor dem Bericht verriet. Kam ja auch nicht allzu häufig vor.

Und wie sieht es heute aus? Notgedrungen verlegte sich die Sportschau auf die »kommenden« Sportarten wie rhythmische Sportgymnastik, Hamsterweitwuf und Knödelkotzen. Fußballtechnisch werden nur noch die Ergebnisse vorgelesen – Fernsehen goes Radio.

Erschwerend kommt hinzu, daß Moderatorenlegende Waldemar »Waldi« Hartmann nur noch ein Schatten seiner selbst ist. Immerhin zeigte der Mann, der alles duzt, was ihm vor den Schnauzbart läuft, Einsatz. Eben jenen besagten Schnäuzer rasierte er sich komplett ab, mit dem Ergebnis, daß er nun von einer Nacktschnecke kaum noch zu unterscheiden ist. Doch auch dieses neue Outfit der Sportschau-Galionsfigur konnte die Quote nicht entscheidend in die Höhe treiben. Ob Waldis neuester Plan (»Dann lass' ich mir eben eine Rundum-Gesichtsfotze wachsen!«) den gewünschten Erfolg bringt, bleibt abzuwarten.

Grund 60: Das aktuelle Sport-Studio

Das aktuelle Sport-Studio ist eine Institution im deutschen Fernsehen und hat sich trotz der Privatsender, die sich gierig auf die Ware Fußball gestürzt haben, erstaunlich gut gehalten. Dabei ist schon der Titel der Sendung irreführend, um nicht zu schreiben kompletter Blödsinn. Denn notgedrungen müssen die Mainzer auf die quotenbringende Aktualität verzichten, da die Sendung knapp fünf Stunden nach Spielschluß beginnt. Nun sind die Macher auf die glorreiche Idee gekommen, dieses Manko durch »journalistische Mehrarbeit« auszugleichen. Soll heißen: Zunächst schnüffelt ein Rolf Töpperwien in den Stadionkatakomben und stellt dem Trainer und einem Spieler ungeheuer schlaue Fragen. Danach wird live ins Studio geschaltet, wo der Moderator dem Trainer oder dem Spieler weitere ungeheuer schlaue Fragen stellt.

So weit, so langweilig.

Aber warum in Stoltes Namen werden uns solch grausige Nulpen wie Michael Steinbrecher vorgesetzt? Daß der Mann den Wischmop erfunden hat, ist sicher ein Verdienst, aber noch lange kein Grund, diesen im Sport-Studio auf dem Kopf tragend vorzuführen!

Kaum erträglicher: Wolf-Dieter Poschmann (»Poschi«) und Rudi Cerne, die bei ihren Auftritten so abgeklärt und ruhig daherkommen wie zwei pubertierende Teenager vor ihrem ersten sexuellen Kontakt. Über Herrn Kerner wollen wir aus Angst vor eventuellen Verleumdungsklagen den Mantel des Schweigens decken.

Nicht schweigen können und wollen wir zu einem Relikt im Aktuellen Sport-Studio – der Torwand. Seit dem 05. Februar 1966 ballern sogenannte Fußballstars, abgewrackte ehemalige Showgrößen oder sonst jemand, der gerade zufällig im Studio ist, aus sieben Metern Entfernung auf eine Wand mit zwei Löchern. Wird ausnahmweise mal ein Ball versenkt, freut sich nicht nur der Schütze wie ein kleines Kind. Auch der Moderator gerät in eine Art ekstatische Verzückung, und das Publikum muß, vermutlich unter Androhung schwerster Folter, mitjubeln. Teure Sendezeit, von uns bezahlte Sendezeit, wird also verschwendet und der Unterhaltungswert ist gleich Null. Und angesichts der Tatsache, daß ein Fußball-Autist wie Mike Krüger genauso oft traf wie Franz Beckenbauer (für die Statistiker unter den Lesern: viermal), stellt sich die Frage nach dem sportlichen Wert des Torwandschießens erst gar nicht.

Grund 61: DSF-Doppelpass

Wer sonntags morgens um kurz vor 11 Uhr seine ehelichen Pflichten unterbricht, um den Fernseher einzuschalten, muß schon eine schwerwiegende Persönlichkeitsstörung haben. Wer sich dann aber im Deutschen Sportfernsehen (DSF) »Doppelpaß«, den Warsteiner Fußballstammtisch, ansieht, dem ist wirklich nicht mehr zu helfen.

Während der laufenden Saison lädt sich der Chefredakteur des DSF Journalisten ein, um über ein Thema zu reden, von dem er selbst keinen blassen Schimmer hat: Fußball. Man trifft sich immer in der gleichen Konstellation. Einer vom »Kicker-Sportmagazin«, einer von »BILD« oder »Sportbild«, ein paar skurrile Gestalten aus der Provinz und regelmäßig der besondere Gast: Trainer, Manager, Vereinspräsidenten, Schiedsrichter oder halt Udo Lattek. Da sitzen sie also, die Journalisten, und spielen eigentlich immer dieselbe Rolle. Der Schreiber aus der Stadt erzählt, warum es seinem Verein schlecht geht, der »Kicker« sieht es im Zusammenhang und der Mann von der »BILD« erfindet mal schnell ein Gerücht zur Sache. Udo Lattek wird, nachdem er furchtbar angegeben hat, wie erfolgreich er als Trainer war, betonen, daß man Fußballer nur mit harter Hand führen könne, da alle Spieler Schweinehunde seien. Später, wenn er schon einige Warsteiner intus hat, lallt er meist nur noch »Schweinehunde« und man ist froh, nicht selbst Bundesligatrainer geworden zu sein.

Einer der widerwärtigsten Gäste: Raimund Hilko, der feiste Bayern München-Experte der »Sportbild«. Eine Mischung aus Riesenkröte aus dem brasilianischen Regenwald und transylvanischem Sittenstrolch. Stundenlang lümmelt er regungslos im viel zu engen Sessel, bis er dann mit schläfrigem Blick einen Mucks von sich läßt. Egal zu welchem Thema, meist sind es Kommentare wie »so ist nunmal das Geschäft, und keiner beherrscht es besser als der FC Bayern München.«

Noch schlimmer ist Rainer Holzschuh, der Chefredakteur vom »Kicker«, ein schrecklicher Besserwisser. Mit eleganter Fönfrisur und topmodisch gekleidet in lavendel- oder fliederfarbenden Sakkos, wirkt er wie jemand, der niemals schwitzt – bei welcher Gelegenheit auch immer. Und so einer will uns was von Fußball erzählen. Wer will's hören?

Grund 62: ran

Eine sehr interessante Werbesendung, die leider manchmal von Fußballberichten unterbrochen wird. Aber die haben es in sich: Vorberichte, Mittelberichte, Nachberichte – ran berichtet über alles, was der Fußballfan eigentlich gar nicht wissen will. Die Macher erfreuen uns mit faszinierenden Einblicken in das Seelenleben der Trainer, Präsidenten und Spielerfrauen. Und mal Hand aufs Fußballherz: Was kann aufregender sein als mitzuerleben, wie Thomas Hoersens Freundin auf die Auswechslung von Michael Zeyer reagiert?

Doch dann endlich: Das Spiel! Objektivität und Authenzität werden hier groß geschrieben. Keinesfalls ist es so, daß unterirdisch schlechte Spiele künstlich aufgebläht werden, etwa durch sechsmaliges Wiederholen der jämmerlich versemmelten Großchance. Nein, nein, so etwas macht »ran« nicht.

Wir sind wieder im Studio. Der schlimmste aller denkbaren Fälle ist eingetreten – Jörg Wontorra darf moderieren. Mit unangenehm quäkender Stimme präsentiert uns der dauergeile Norddeutsche den nächsten Unfug, die »ran«-Datenbank. Die simpelste Grundlage des Fußballs, daß nämlich diejenige Mannschaft gewinnt, die mindestens ein Tor mehr als der Gegner erzielt, wird hier ad absurdum geführt. Welche Mannschaft zwischen der 19. und 34. Minute die meisten Treffer erzielt, welcher Spieler die größten Füße hat und welcher »den längsten« (klaro: Adolfo Valencia), die Maße von Thomas Hoersens Freundin – who the fuck cares?

Zwischendurch können wir auch etwas gewinnen. Aber aufgemerkt: Das Quiz mit dem kryptischem Titel Super-Q ist nichts für schwache Nerven. Nur wer messerscharf kombiniert, kann die richtige Lösung erahnen. Jetzt nur noch anrufen, das

Besetztzeichen abwarten und nichts gewinnen. Aber die Preise sind toll.

Grund 63: Mittendrin statt nur dabei

Manchmal ist es kaum zu glauben, was Fußballfans doch für Deppen sind. Sehen sie sich doch einfach mal »Mittendrin statt nur dabei«, die Call-in-Sendung im DSF, an. Sie werden nicht glauben, was sie hören und sehen. Nicht, daß wir denken, eine solche Sendung wäre per se Unsinn. Ganz im Gegenteil. Eine Art Selbsthilfegruppe für enttäuschte Fußballfans mit gebrochenen Herzen fehlt in der deutschen Fernsehlandschaft. Eine Sendung, in der sich die Fans wohlfühlen oder so richtig Dampf ablassen können. Oder auch mal eine wirklich interessante Diskussion führen. Themen gäbe es ja genug. Zum Beispiel:

- Ist Sex vor dem Spiel leistungsfördernd? Wenn ja, welcher Sex genau?
- Mein Verein ist abgestiegen, aber mir fehlen die Tränen.
- Fett geworden! Mein Fan-Trikot paßt nicht mehr. Was tun?

Das wäre eine Service-Sendung, wie wir sie uns wünschen würden.

Grund 64: Die Kommentatoren

Fußball ist eine komplexe und hochkomplizierte Sportart. Nur eine kleine Elite ausgewiesener Fachmänner ist in der Lage, das Spiel zu durchschauen und die Regeln zu begreifen. Auch die TV-Sender haben diesen Umstand erkannt und, was für ein Segen!, diese Männer als Kommentatoren verpflichtet. Und fürwahr: Hilflos wären wir bei der Betrachtung eines Fußballspiels im Fernsehen, wären da nicht Heribert »'n Abend allerseits« Faßbender und Jörg »Wahnsinn!!« Dahlmann.

Oder Gerd Rubenbauer. Dieser Teufelskerl sieht Sachen, die selbst der ausgebuffteste Fußballfan nie und nimmer bemerkt hätte. Hält beispielsweise der Fifa-Beauftragte in der 90. Spielminute eine Tafel mit einer »1« in die Höhe, folgert Rubenbauer messerscharf: »Unglaublich! Jetzt wechselt Jamaika den Torhüter aus!« Nur Normalsterbliche und Fußball-Laien wären auf die Idee gekommen, hier könnte es sich um die Länge der Nachspielzeit handeln.

Bei besonders wichtigen Spielen erleben wir die geballte Fachkompetenz gleich im Doppelpack: Die Co-Kommentatoren betreten die TV-Fußballbühne, meist in Gestalt ehemaliger Superstars. Dabei wird von der Prämisse ausgegangen, daß Menschen, die vor Jahren einen Ball halbwegs geradeaus treten konnten, auch befähigt sind, ein Fußballspiel zu kommentieren. Und so ist es auch! Vor allem rhetorisch kann man Breitner, Feldkamp & Co. nichts vormachen, sogar die Kunst der doppelten Verneinung, seit Pink Floyds »We don't need no education« nicht mehr aus unserem Sprachschatz wegzudenken, beherrschen sie in Perfektion. Bei Karl-Heinz Rummenigge hört sich das dann so an: »Diese Aktion war nicht ganz unrisikovoll!« Nicht ganz unrichtig, Kalle!

Doch auch die dunklen Seiten des Kommentatorengeschäfts wollen wir hier nicht verschweigen. Stellen Sie sich doch einmal vor, Ihr vierjähriger Sohn schnappt sich die Fernbedienung und zappt versehentlich in den Halbzeitkommentar von Günter Netzer. Nicht die Worte des Mittelfeldregisseurs a.D. werden Ihrem Sprößling einen bleibenden Schaden zufügen, sondern sein Aussehen: Eine gruselige Mischung aus Frankenstein und Guildo Horn, noch dazu stets in schwarz gewandet. Falls der Kleine nicht ohnehin schon dazu neigt, ins Bett zu nässen, wird er garantiert in der folgenden Nacht damit anfangen. Hier hilft nur noch eine ausgezeichnete psychologische Betreuung.

Doch auch die Kommentatoren selbst leben gefährlich – Belà Rethy wird's bestätigen. Der Mann vom ZDF war so unvorsichtig, die Frisur des kolumbianischen Spielers Valderrama mit einer Klobürste zu vergleichen. Lieber Belà, wußtest Du eigentlich, daß es in Kolumbien eine gut funktionierende, fußballverrückte Mafia gibt? Und daß die Jungs manchmal zu Überreaktionen neigen, vor allem, wenn man ihre Spielmacher mit Klobürsten vergleicht? Nein, wußtest Du nicht? Alles Gute, Belà!

Grund 65: Die Moderatoren

Fußball im Fernsehen könnte sogar erträglich sein, gäbe es nicht die Damen und Herren, die uns die Zeit zwischen den Spielen stehlen. Wir wollen gar nicht erst groß von Waldemar Hartmann oder Michael Steinbrecher anfangen, über die sicherlich schon genug geschrieben wurde. Wir fragen uns nur, ob Waldi sich seinen süßen Schnäuzer wieder wachsen lassen wird, nachdem ihn ohne Bart niemand mehr wahrnimmt. Es soll sogar vorgekommen sein, daß ihm ein Sportler eine runtergehauen hat. Dieser hatte den unerträglich jovialen Bajuwaren, der ihm gerade wie üblich die Schenkel tätschelte, nicht auf Anhieb wiedererkannt.

Nein, wir wollen lieber über die merkwürdigen jungen Männer des Deutschen Sportfernsehen (DSF) reden. Sie sind immer irgendwie auf dem Sprung und geben uns das Gefühl, daß sie Zuschauer eigentlich hassen. Kaum hat sich einer von ihnen zu einer kurzen Begrüßung durchgerungen, betont er auch schon, sofort loslegen zu wollen. Er wird jedenfalls keine Zeit mit small talk verplempern. Wenn der Zuschauer sozialen Kontakt sucht, soll er doch eine der 0190-Nummern anrufen! Basta.

Übrigens haben wir die Erfahrung gemacht, daß es in diesen Situationen guttut, dem Moderator einfach die Zunge herauszustrecken.

Grund 66: Trio La Haze

Weil der Warsteiner Fußballstammtisch Doppelpass im DSF gezeigt wird und der Sender zur Leo Kirch-Familie gehört, gibt es endlose Werbeblöcke. Weil es aber auch eine Livesendung ist und sich die Zuschauer im Airport-Hotel in München in diesen Pausen nicht langweilen sollen, gibt es das Trio La Haze. Drei Milchbubis, immer gut gelaunt, immer ganz in schwarz gekleidet, dabei das Hemd bis zum obersten Knopf geschlossen. Sie sprechen kein Wort, ihre Sprache ist die Musik, genauer: die Jazzstandards. Und Humor haben sie auch. Gleich zu Beginn einer jeden Sendung kommentieren sie das wichtigste Ereignis der letzten Woche mit einer launigen Mottomelodie. So spielten die Schelme nach Baslers Rauswurf bei Bayern »Muss i denn ins Städtele hinaus«. Mann, haben wir gelacht!

Weil sich die drei Knilche aber als echte Jazzer verstehen, verimprovisieren sie die Melodie bis zur Unerkenntlichkeit. Das ist weit weniger witzig. Überhaupt nicht mehr zum Lachen ist: Trio La Haze hat seit einiger Zeit eine CD herausgebracht. Wahrscheinlich gut gefüllt mit lustiger Mottomusik. Wer diese CD zum Geburtstag verschenkt, wird garantiert rausgeschmissen. Wenn nicht gar Schlimmeres geschieht!

Grund 67: Franz Beckenbauer, zum dritten

Der Prozeß gegen Franz Beckenbauer geht in die entscheidende Runde. In der Zwischenzeit ist nicht viel passiert. Lediglich Berti Vogts wurde notärztlich versorgt, ja, und ist wieder auf dem Weg der Besserung. Aus Rücksicht auf seine Gesundheit hat er darauf verzichtet, dem Rest der Verhandlung beizuwohnen. Die jetzt beginnt:

Staatsanwalt

Kommen wir zu dem letzten, nicht weniger abstoßenden

Vergehen, dessen Sie, Herr Beckenbauer, sich schuldig gemacht haben: Ihr Auftreten in der Öffentlichkeit.
Beckenbauer schaut verwundert an sich herunter.

Beckenbauer

Warum? Ich schau doch immer ganz nett und adrett aus!

Staatsanwalt

Es geht nicht darum, was Sie anziehen, sondern was Sie sagen!
Der Staatsanwalt wendet sich an die Zuschauer.

Staatsanwalt

Nicht genug, daß der Anklagte beinahe täglich auf dem Bildschirm zu sehen ist. (laut) Nein, das reicht ihm noch nicht. Er muß uns auch noch mit seinen aufgeblähten Worthülsen berieseln, mit nichtssagenden Brabbeleien, die letztlich nur unsere Nerven und Sendezeit kosten.
Zustimmung und Nicken unter den Zuschauern.

Staatsanwalt

Und dabei schreckt Herr Beckenbauer auch nicht vor perfiden, kleinen Gemeinheiten zurück, um bestimmte Spieler aus seinem Verein, dem FC Bayern München, zu vergraulen! (*Er geht zur Anklagebank und baut sich vor Beckenbauer auf.*) Erzählen Sie doch mal, warum der französische Nationalspieler Jean-Pierre Papin den FC Bayern München verlassen hat.
Beckenbauer windet sich auf seinem Stuhl.

Beckenbauer

Ja gut, warum warum! Warum ist die Banane krumm? Was weiß denn ich? Vermutlich hat er einen besseren Verein gefunden ...

Staatsanwalt

(unterbricht) Ooooh nein, das war nicht der Grund! *(holt noch einmal tief Luft)* Der wahre Grund, warum Jean-Pierre Papin den FC Bayern verließ, war die fortwährende Verhohnepiepelung seines Namens durch den Angeklagten! Und das im Deutschen Fernsehen! Live!

Entsetzen im Zuschauersaal, viele weinen.

Richter

Stimmt das, Herr Angeklagter?

Beckenbauer

Ja gut, der Schong-Pär-Papeng ... des ist ein Franzos, der ist wie ein Baguette: Außen hart, aber innen ganz weich!

Staatsanwalt

(mit überschlagender Stimme) Haben Sie's gehört, Herr Vorsitzender? *(zum Angeklagten)* Sagen Sie noch mal den Namen!

Beckenbauer

Was denn für ein Name? Schong-Pär-Papeng?

Der Staatsanwalt hebt resignierend beide Arme in die Luft und wendet sich an den Richter.

Staatsanwalt

Herr Vorsitzender, muß ich noch mehr Beweise liefern?

Richter

Nein, müssen Sie nicht.

Der Richter schlägt mit dem Hämmerchen auf sein Pult und steht auf.

Richter

Ich verkünde nun das Urteil im Namen des Volkes: Der Angeklagte Franz Beckenbauer wird wegen Zerstörung der Zukunft des deutschen Fußballs und der Karriere von Hans-Hubert Vogts, fortgesetzter Dampfplauderei im Deutschen Fernsehen sowie eklatanter Verletzung der Menschenrechte im Fall Papin zu folgender Strafe verurteilt: Lebenslanges Auftrittsverbot für alle TV-Sendungen, einjährige Dauerbeschallung mit den eigenen Aussagen sowie zusätzlich eine Geldstrafe in Höhe von 10 Millionen D-Mark. Und die Gerichtsgebühr ist auch schon drin! Angeklagter, nehmen Sie das Urteil an?

Beckenbauer

Schaun mer mal!

Grund 68: Fussballer in der Werbung

Als wenn unsere Superstars nicht schon genug Kohle verdienen würden! Nein, sie müssen auch noch hochdotierte Werbeverträge abschließen und uns damit allabendlich auf den Wecker fallen. Oder freuen Sie sich, wenn Sie die Kiste einschalten und Lothar Matthäus brabbelt gedankenverloren daher: »I moag koine Dog-Shows!«

Angefangen hat dieser Werbewahn in den Siebzigern. Uwe Seeler stand halbnackt im Badezimmer, hatte sich gerade den Bart abgenommen und wollte den bevorstehenden Rasierbrand mit After-Shave begegnen. Doch, oh Schreck! Die Flasche mit dem herrlichen Hattrick war leer! Was tun? Doch Uns Uwe wäre nicht Uns Uwe, wenn er nicht sofort Rat wüßte. Der schlaue Norddeutsche öffnete einfach sein Alibert-Schränkchen, nahm sich eine nigelnagelneue Pulle Hattrick und kippte sich das Zeug komplett ins Gesicht. Ein unvergessener Spot, der Geschichte gemacht hat. Allein schon deshalb, weil die Macher, mit gutem Grund, auf Wortbeiträge Seelers völlig verzichteten und ihn einfach nur blöde daherpfeifen ließen.

Die Neunziger bescherten uns einen Werbeboom. Ständig sahen wir jetzt unsere Kicker und Trainer, wie sie für die tollsten Produkte Reklame machten. Zum Heulen schön, wenn ein Lars Ricken mit eindringlicher Stimme die »Reduktion auf das Wesentliche beschwört«, womit er sagen will, daß wir uns gefälligst Nike-Sportklamotten zu kaufen haben. Auch Oliver Bierhoff ist sich nicht zu schade, seine Kleine-Jungen-Frisur im TV vorzuführen und zu behaupten, das sei die Schuld eines bestimmten Haarwaschmittels. Außerdem legt er seinen Fans, die ja in der Regel nicht wissen, wohin mit dem ganzen Geld, Aktienfonds ans Herz.

Den (Werbe-)Vogel aber schießen die Trainer mit ihrer Handy-Werbung ab. Franz Beckenbauer kommt mit den Jahreszeiten nicht zurecht, und fragt bereits Ende September, ob schon Weihnachten sei. Im Dezember, Franz, im Dezember! Noch schöner ist Uli Stielike, der sich nicht entblödet, seinen Herrn Erich Ribbeck per Mobiltelefon anzurufen, obwohl er genau bei ihm vor der Haustür steht und demnach auch kurz schellen könnte. Na ja, wenigstens hat er sein Gottlieb-Wendehals-Sakko nicht angezogen.

VIII. LEGENDEN UND SKANDALE

Um keine andere Sportart ranken sich so viele Histörchen wie um den Fußball. Vermutlich könnte man ein ganzes Kapitel eines Buches mit solchen Geschichten füllen. Und genau das haben wir gemacht. Die Auswahl erfolgte übrigens nach streng subjektiven Gesichtspunkten. Sollten Sie also eine tolle Legende oder unfaßbaren Skandal vermissen, bleibt das einzig und allein Ihr Problem.

Grund 69: Der Bestechungsskandal

Fußball ist ein schönes Spiel. Zwei Mannschaften treten gegeneinander an, versuchen Tore zu schießen, meistens erzielt der Bessere mindestens einen Treffer mehr und bekommt dafür die wohlverdienten Punkte. Fair und gerecht geht's zu auf den deutschen Fußballplätzen. Meistens.

Denn in der Saison 1970/71 war alles ein bißchen anders. Viele Vereine waren vom Abstieg bedroht und hatten irgendwie keine Lust dazu, eine Klasse tiefer zu spielen und weniger Geld zu verdienen. Eigentlich völlig normal, hätten nur nicht manche Clubs ihrem Glück ein wenig auf die Sprünge geholfen.

Vor allem Kickers Offenbach versuchte, mit allen Mitteln in der Liga zu verbleiben. Fleißig wurden Spieler ungefährdeter Vereine bestochen, damit sich diese gegen Offenbachs Abstiegskonkurrenten besonders anstrengen und die Partie gewinnen.

Oder man ging den direkten Weg und fuhr selbst die nötigen Punkte ein, indem man erstaunliche Ergebnisse gegen Spitzenclubs erzielte. Hier hat Arminia Bielefeld, das eine Saison später zwangsabsteigen mußte, eine Vorbildfunktion: Am letzten Spieltag holte man ein schier unglaubliches 1-0 bei Hertha BSC und schaffte damit den Klassenerhalt. Dabei trug sich folgendes zu: Unter anderem hatten die Bielefelder den Berliner Spieler Varga mit 30.000 DM gebeten, keinen Treffer zu erzielen. Vertragsgemäß hielt sich Varga daran, wurde aber in der Halbzeitpause von Zweifeln beschlichen, ob er den Arminen trauen könne. Er rief zu Hause an und seine Frau teilte ihm mit, daß noch kein Geld eingetroffen sei. Wütend ballerte Varga daraufhin in der zweiten Halbzeit einen Ball gegen die Latte des Bielefelder Gehäuses. Was für eine Drohung: Ein Warnschuß an den Pfosten! Der Mann muß ein Genie gewesen sein!

Als größte Deppen des Bundesligaskandals gehen die Schalker Spieler in die Geschichte ein. Sie müssen wirklich einen knallharten Hund als Verhandlungsführer gehabt haben (wir tippen auf Rolf Rüßmann): Für eine Niederlage gegen (wieder einmal) Arminia Bielefeld kassierten sie DM 40.000. Zusammen! Für jeden Gelsenkirchener Kicker blieben gerade mal DM 2300 übrig, ein Bruchteil ihres damals schon recht üppigen Gehalts. Und obwohl die Schalker Spieler bei weitem nicht so tief im Bestechungssumpf steckten wie ihre Kollegen der anderen Clubs, wurden sie am härtesten bestraft. Denn vor Gericht wollten sie bis zuletzt ihre Verstrickung nicht zugeben. Irgendwie auch verständlich, wenn man so blöde ist und ein Spiel für eine Handvoll Silbermünzen vertickt. Dumme Schalker eben.

Grund 70: Das Wunder von Bern

»Rahn! Rahn schießt! ... und Tor! Toor! Tooor!«

Immer noch laufen vielen Fußballanhängern Tränen der Rührung und Begeisterung über die Wangen, wenn sie an die WM 1954 in der Schweiz denken. Ganz schlimm wird es allerdings, wenn die Weltmeister selbst von dem denkwürdigen Augenblick berichten, als Deutschland zum ersten Mal Weltmeister wurde. Davon abgesehen, daß die ganze Sache nun fast 50 Jahre her ist und viele der heutigen Kids noch nicht einmal wissen, daß Fußball damals schon erfunden war, nerven die Veteranen mit den immer gleichen Redewendungen über dieses »Wunder«:

»Wir waren damals doch nur krasser Außenseiter!«
»Im Vorrundenspiel gegen Ungarn haben wir noch mit 3-8 verloren.«
»Der Seppl Herberger, das war schon richtiger ein Trainerfuchs.«
»Die Ungarn waren seinerzeit spielstärkste Mannschaft der Welt!«
»Weltmeisterprämie??? 500 Mark haben wir damals nur bekommen!«

Bis sich das Problem von selbst erledigt, verbieten wir ab sofort die Benutzung der oben aufgeführten Formulierungen!

Grund 71: Das 0-1 gegen die DDR

22. Juni 1974 in Hamburg. Bei der Weltmeisterschaft treffen in der Vorrunde Deutschland und die DDR aufeinander – das erste deutsch-deutsche Duell. Natürlich stellte man sich in (West-) Deutschland auf einen hohen Sieg der eigenen Mannschaft ein, auch die beiden Autoren, damals sechs und acht Jahre alt. Schon in diesem Alter war man von der Überlegenheit des Kapitalismus überzeugt. Schließlich hatte man selbst eine Carrera-Bahn, Legosteine und Wickie-Bettwäsche; die Ossis hatten nichts.

Pünktlich wurden wir von den Eltern ins Wohnzimmer gerufen. Gummibärchen und ein Glas Milch waren in Reichweite postiert, das Spiel fing an, ging weiter, doch von Überlegenheit keine Spur. Der innerdeutsche Kick lief so verkrampft wie die damalige Beziehung zwischen den beiden Staaten, eine reine Nullnummer. Irgendwann hatte man sich mit einem torlosen Unentschieden abgefunden, da passierte das Unfaßbare: Ein Kerl namens Jürgen Sparwasser (sogar Wasser schien 'drüben' knapp zu sein!) schoß in der 77. Spielminute das 1-0 für den Klassenfeind. Lähmendes Entsetzen. Das konnte, das durfte nicht sein. Aber es war die bittere Realität. Die Ostdeutschen hatten uns besiegt und würden davon noch jahrelang zehren, soviel war sicher.

Und man selbst war wütend! Wütend auf die eigene Mannschaft, aber vor allem auf die undankbaren, angeblichen Brüder aus dem Osten. Jahrelang hatte man wildfremde Menschen auf dem Postweg mit Freßpaketen und abgetragenen Jeans versorgt und jetzt so etwas! Die Eltern wurden überredet, sämtliche Lieferungen dieser Art in die DDR sofort einzustellen. Das hatte, nebenbei bemerkt, den positiven Effekt, daß die Revanche-Geschenke der Ossis ebenfalls nicht mehr eintrafen: Selbstgehäkelte, potthäßliche Spitzentischdeckchen, die in der Regel sofort in einer Schublade verschwanden und nie mehr herausgeholt wurden.

Dieses 0-1 war ein Trauma, daß wohl ewig in den Köpfen der Westdeutschen verwurzelt bleibt, obwohl oder gerade weil die DFB-Elf später sogar noch Weltmeister wurde. Das heutzutage gern zitierte geflügelte Wort von den »Mauern in den Köpfen« kommt jedenfalls nicht von ungefähr.

Grund 72: Die Spiele gegen Österreich

Dies vorab: Leider ist es nach reiflicher Überlegung unmöglich, über dieses traurige Kapitel der WM-Geschichte in irgendeiner Form witzig zu schreiben. Wir versprechen aber, daß es danach gewohnt spaßig weitergeht.

Es gibt eine todsichere Methode, vom Fußballvirus geheilt zu werden: Sie müssen sich einfach nur alte Aufzeichnungen der Spiele Deutschlands gegen Österreich anschauen und, schwupp!, schon hassen Sie Fußball. Garantiert!

Wir reden natürlich von den Spielen der Weltmeisterschaften 1978 und 1982. In Argentinien mußte die deutsche Elf im letzten Zwischenrundenspiel gegen die Ösis antreten. Immerhin hätten »wir« durch ein lächerliches Unentschieden gegen die Fußballmacht Österreich, für die es um nichts mehr ging als um die Ehre, noch das Spiel um den dritten Platz erreichen können. Was so schlecht nicht gewesen wäre. Aber ein Mann namens Hans Krankl (!) schoß die Deutschen vorzeitig nach Hause.

Wer gedacht hatte, diese Niederlage sei an Peinlichkeit nicht zu übertreffen, sah sich knappe vier Jahre später getäuscht. Diesmal trafen die beiden »Konkurrenten« in der Vorrunde aufeinander. Der Tabellenkonstellation ließ damals zu, daß ein knapper Sieg der Deutschen beiden Mannschaften das Weiterkommen ermöglichte. Und es kam, wie es kommen mußte: Horst Hrubesch erzielte bereits in der 11. Spielminute das 1-0. Danach hatten beide Torhüter nicht mehr einen einzigen Ball zu halten; sowohl die Deutschen als auch unsere Nachbarn schoben den Ball minutenlang in ihren eigenen Reihen hin und her. Die Betrogenen waren die Algerier, die damit aus dem Turnier ausgeschieden.

Nie mehr soll sich so etwas wiederholen!

Grund 73: Der Geist von Malente

Hui Buh, ein Gespenst geht um in Deutschland. Genauer gesagt: Ein Geist. Der Geist von Malente.

Relativ regelmäßig trifft sich die deutsche Nationalmannschaft vor großen Spielen oder Turnieren in der Sportschule Malente. Spätestens seit den Vorbereitungen zur WM 1974 im eigenen Land scheint in dieser Sportschule ein Geist zu wohnen. Wie wir aus den Medien immer wieder bis zur Erschöpfung hören können, sorgt besagter Geist für eine gute Stimmung im deutschen Team und dafür, daß Deutschland gewinnt.

Wir folgern: Der Geist von Malente muß ein ganz besonderes Wesen sein. Es erstaunt, daß bisher noch niemand ausführlich über ihn berichtet hat; in diese Bresche wollten wir springen. Nach zähen Verhandlungen mit dem DFB haben wir Sensationelles zu vermelden: Für einen Tag besuchten wir die Sportschule und durften beobachten, wie sich die deutsche Elf auf die Europameisterschaft 2000 in den Niederlanden und Belgien vorbereitet. Und natürlich waren wir auch auf der Suche nach dem Geist von Malente. Hier unser Bericht:

Ankunft in Malente, dem pulsierenden Ort in Schleswig-Holstein. Mit lautem Hallo werden wir von den Einheimischen begrüßt. Fast alle 10.000 Dorfbewohner haben sich auf dem Marktplatz versammelt und singen zu unseren Ehren ein Ständchen – das geflügelte Wort »Malente – The City never sleeps« existiert nicht zu Unrecht. Doch von einem Geist keine Spur.

Ein freundlicher Landwirt lädt uns auf seinen Güllewagen und keine drei Stunden später stehen wir vor der Sportschule Malente, dieser geheimnisumwobenen Stätte des Okkultismus. Sofort gehen wir in die Vollen und bitten den Hausmeister, den Geist zu einem Interview zu überreden. Aber welch Enttäuschung! Der Mann berichtet uns, daß es diesen Geist niemals gegeben hat, daß alles nur eine Erfindung der dämlichen Medien sei und daß wir überhaupt die ersten Idioten wären, die den Geist befragen wollen.

Als wir enttäuscht und frustriert wieder auf dem Güllewagen Platz nehmen wollen, gibt uns der Hausmeister mit verschmitztem Grinsen doch noch den entscheidenden Hinweis: Einen Geist gäbe es zwar nicht, aber das ganze sei doch eher symbolisch zu sehen und die deutschen Spieler würden sich durchaus mit Übersinnlichem beschäftigen! Begeistert betreten wir das Haus.

Gleich im ersten Zimmer auf der linken Seite beobachten wir Oliver Kahn, Lothar Matthäus und Ulrich Stielike beim Tischrücken, dem Volkssport der Hobbyokkultisten. Wir werfen einen Blick über Lothars Schulter und dürfen live miterleben, wie sich die Kicker auf die erste, wichtige Partie gegen Rumänien vorbereiten. Auf Ullis Frage »Ist mein kariertes Sakko wirklich so häßlich?« antwortet das Tischchen »O-L-I-V-E-R-K-A-H-N-I-S-T-D-O-O-F« und »L-O-T-H-A-R-T-R-E-I-B-T-E-S-M-I-T-U-L-L-I-S-F-R-A-U«! Die beginnende Schlägerei interessiert uns weniger und wir gehen zwei Türen weiter.

Hier sollte laut Ankündigung des Hausmeisters eigentlich um zwölf Uhr eine schwarze Messe beginnen. Doch aufgrund fehlender dunkelhäutiger Spieler im deutschen Team wurde sie auf unbekannte Zeit verschoben. `Hätte man sich darüber nicht schon vorab Gedanken machen können?´ fragen wir uns etwas enttäuscht, werden von lautem Gebrüll aus unseren Überlegungen gerissen und hechten in die erste Etage.

Im Voodoo-Zimmer hat sich Erich Ribbeck originalgetreue Puppen der Trainer Englands, Portugals und Rumäniens an die Wand gestellt. Mit beschwörenden Formeln (»Nimm dies, Kevin!«; »Da kuckste blöd, Homberto!«; »Schmeckt's Dir nich, Emerich?«) kotet der deutsche Teamchef auf seine Kollegen und scheint uns nicht einmal zu bemerken.

Leise schließen wir die Tür und verlassen die Sportschule. Der Besuch hat uns mehr als desillusioniert. Das soll also der berühmte, vielzitierte Geist von Malente sein? Auf so einen Quatsch können wir wirklich verzichten!

Grund 74: Günter Netzer und die Einwechslung

Wir können das ewige Trara um seine berühmte Selbsteinwechslung nicht mehr ertragen! Wirklich in jedem TV-

Rückblick in Sachen Fußball sehen wir Günter Netzer, wir er mit fliegendem und fettigen Haar in den Kölner Strafraum kurvt, die Pille reindonnert und dann dermaßen jubelt, als hätte er soeben das entscheidende Tor in einem DFB-Pokalfinale geschossen.

Hat er ja auch. In Deutschland ist diese Szene fast so bekannt wie das legendäre Wembley-Tor. Aber während zu dem Treffer von Geoff Hurst bereits alles gesagt und geschrieben worden ist (der Ball war nicht drin!), bleibt bei Netzers Einwechslung regelmäßig eine Frage offen: Wie kam es eigentlich dazu? So:

Der große Regisseur vom Bökelberg wollte unbedingt weg aus dem niederrheinischen Kaff Mönchengladbach. Dort nannte man ihn zwar ehrfurchtsvoll den »King«, die Leute winkten seinem Porsche auf offener Straße hinterher, wenn er zwischen Trainingsplatz und seiner Diskothek hin- und herraste und Netzer konnte trotz seines Aussehens jede Frau haben. Aber ihm war langweilig! Eigentlich nicht zu fassen!

Da kam ihm das Superangebot von Real Madrid gerade recht. Außer sich vor Freude, mußte der Provinzplayboy natürlich direkt damit angeben und ließ die Bombe um seinen Wechsel platzen. Viele waren todtraurig, daß es Netzer bei der beschaulichen Borussia nicht mehr gefiel. Und Trainer Hennes Weisweiler war stinksauer, war er doch der Meinung, keiner sollte vor ihm nach Spanien wechseln. Prompt ließ er den zukünftigen Weltstar mit der unglaublichen Frisur im DFB-Finale gegen den 1. FC Köln einfach auf der Band schmoren. Ätsch!

Dabei war es ein ungemein packendes Spiel. Nach 90 schwer umkämpften Minuten stand es immer noch 1:1. Und Weisweiler hätte sicherlich das Finale lieber verloren, als auch nur im Entferntesten daran zu denken, Günter Netzer einzuwechseln. Doch der blonde Engel verzichtete auf eine besondere Einladung. Er lief seine riesigen Füße warm (Schuhgröße 48) und zog unter dem Raunen des Publikums seinen Trainingsanzug aus. Während Weisweiler sich bemühte, den Rest der Mannschaft auf die Verlängerung einzustellen, wechselte sich der spätere Kommentator der ARD selbst ein. Eine Unverschämtheit! Zeit zu reagieren blieb Weisweiler nicht, denn nach einem Doppelpaß mit Rainer Bonhof machte Netzer schon kurze Zeit später das Siegtor zum 2:1 und damit den bittersüßen Triumph perfekt. Die Sportjournalisten wählten ihn dafür auch noch zum Fußballer des Jahres und die deutsche Fußballwelt und dieses Buch waren um eine legendäre Geschichte reicher.

Grund 75: Das Lama

Am 24. Juni 1990 geschah etwas, was den Lauf der Weltgeschichte durchaus hätte beeinflussen können. In Mailand spielten im Achtelfinale der Weltmeisterschaft die Mannschaften von Deutschland und Holland gegeneinander. Wenn diese beiden Teams aufeinander treffen, ist von jeher schon genug Brisanz im Spiel, aber nur die wenigsten wissen, daß die Welt kurzzeitig am Rande eines Krieges stand!

Was war passiert?

In der 21. Spielminute foulte der niederländische Spieler Frank Rijkaard den deutschen Stürmer Rudi Völler. Für sich genommen ist das sicher schon schlimm genug, aber der Holländer legte nach. Und wie! Anstatt sich bei dem Deutschen zu entschuldigen, spuckte Rijkaard ihn auch noch an! Völler beschwerte sich zurecht beim argentinischen Schiedsrichter Lousteau, der daraufhin beiden (!) die gelbe Karte zeigte. Aus sicherer Quelle wissen wir, daß schon zu diesem Zeitpunkt im Auswärtigen Amt die Beendigung aller wirtschaftlichen Beziehungen zu Holland und Argentinien beschlossene Sache war.

Doch das Drama nahm seinen Lauf. Kurze Zeit später stürmte unser Rudi auf das holländische Tor zu und konnte nur durch den rüden Einsatz des Torwartberserkers van Breukelen gestoppt werden. Rijkaard dagegen sah die Situation, vermutlich unter dem Einfluß der holländischen Nationaldroge Cannabis, völlig anders. Wie von Sinnen rannte er auf Völler zu und versuchte ihm das Ohr abzureißen! Die Folge: Der Täter und das Opfer wurden von Lousteau vorzeitig in die Kabinen geschickt. Ein Skandal allererster Kajüte!

In Bonn liefen die Telefondrähte heiß, Kriegserklärungen wurden formuliert. Wir erinnern uns: Bereits aufgrund wesentlich nichtigerer Anlässe, wie der Ermordung des österreichischen Thronfolgers 1914 in Sarajewo, wurden Weltkriege vom Zaun gebrochen. Und jetzt bewegte sich die Welt abermals auf eine Katastrophe zu.

»Warten wir doch erst einmal das Ergebnis ab!« Dieser Satz von Altbundeskanzler Helmut Kohl ist in die Geschichtsbücher eingegangen und sorgte dafür, daß ein schwerwiegender Konflikt vermieden wurde. Denn die Deutschen gewannen das Spiel mit 2-1 und wurden bekanntlich später sogar Weltmeister.

Nur durch diese besonnene Reaktion Kohls können wir heute in Frieden auf Mutter Erde leben. Danke, Helmut!

Grund 76: Traps Rede

Junge, Junge, wer hat denn diesen Wahnsinnigen auf unsere Kicker losgelassen?

»Es gibt Momente in diese Mannschaft, oh, einige Spieler vergessen innen Profi, was sie sind (...)
Ein Trainer is nich ein Idiot. Ein Trainer seh, was passieren in Platz. In diese Spiel, es waren zwei, drei diese Spieler waren schwach wie eine Flasche leer!
Habe sie gesehen Mittwoch? Hat gespielt Mehmet, or hat gespielt Basler, or hat gespielt Trapattoni? Diese Spieler beklagen mehr als Spiel! (...)

Struuunz! Strunz is zwei Jahre hier und hat gespielt seine Spiel. Is immer verletzt. Was erlauben Strunz? Letzte Jahr Meister geworden mit Hamann, eh, Nerlinger. Diese Spieler waren Spieler! Waren Meister geworden! Ist immer verletzt! Hat gespielt 25 Spiele in dieser Mannschaft, in dieser Verein. Mussen respektieren die andere Kollega! Haben viel nett Kollegen.
Musen zeigen jetzt! Ich will Samstag, diese Spieler mussen zeigen mich, eh, zeigen die Fans. Mussen alleine die Spiel gewinnen! Mussen alleine Spiel gewinnen!
Ich bin müde jetzt der Vater dieser Spieler, eh, der Verteidiger dieser Spieler! Ich habe immer die Schulde ueber diese Spieler! Einer is Mario, einer, andere is Mehmet! Strunz dagegen, egal, hat nur gespielt 25 Prozent diese Spiel.
Ich habe fertig!«

IX. MODERNER UNFUG

Vor nicht allzu langer Zeit war Fußball die mit Abstand beliebteste Sportart in Europa. Und das war in Stein gemeißelt. Niemand konnte sich vorstellen, daß sich das jemals ändern wird. Auch heute hat der Fußball noch viele Freunde, aber wir fragen uns ernsthaft: Wie lange noch? Denn in der FIFA, dem Weltverband des Fußballs und im europäischen Verband, der UEFA, müssen Leute arbeiten, die den Fußball noch mehr hassen als wir.

Grund 77: Die Champions-League

... oder besser Champions-Lüge. Denn ganz egal, an welchem Tag, zu welcher Tageszeit man mittlerweile den Fernseher einschaltet: Immer laufen Spiele der Champions-League. Was das noch mit Kräftemessen der Meister zu tun haben soll, wenn aus manchen Ländern mittlerweile sogar der Vierte einer Spielzeit noch in diesem Wettbewerb mitmachen darf? Gute Frage. Und dann spielen immer die gleichen Mannschaften gegeneinander. Kein Wunder, denn die haben ja auch diesen Wettbewerb ins Leben gerufen. Die erfolgreichen Vereine aus den großen Fußballändern haben sich zu einer Interessengemeinschaft der Gier, der G14, zusammengetan. Wie in dem Mafia-Epos »Der Pate« machten sie der UEFA ein Angebot, welches diese nicht ablehnen konnte. Entweder die Funktionäre sorgen dafür, daß die großen Klubs immer in einem europäischen Wettbewerb gegeneinander spielen oder die Vereine wollen in Zukunft selbst einen Laden aufmachen. Im Kleingedruckten stand außerdem: Es sollte doch bitte darauf geachtet werden, daß die Vereine mit unaussprechlichen Namen wie Dnjepr Dnjepropetrowsk (Ukraine) oder Cwmbran Town (Wales) außen vor bleiben.

Grund 78: Der UI-Cup

Aus guten Grund auch »Cup der guten Hoffnung« genannt. Bei vielen reißt dieser Wettbewerb alte Wunden auf. Denn er erinnert an eine schreckliche Einrichtung der Schulzeit. Hatte man zwei Fünfen auf dem Zeugnis und wollte nicht sitzenbleiben, dann mußte man in die gefürchtete Nachprüfung. Statt Faulenzen war in den Ferien Büffeln angesagt. Alles für die mehr als vage Hoffnung, in vier Wochen den Stoff eines ganzen Halbjahres aufholen zu können.

Genauso geht es jetzt den Klubs, die ihr Saisonziel, einen europäischen Wettbewerb zu erreichen, verpaßt haben. Sie müssen sich jetzt in der Sommerpause mit diesem albernen Cup herumschlagen, der nur eingerichtet wurde, damit die Fußball-Toto-Süchtigen über das ganze Jahr ihrer Sucht frönen können. Während die Spieler anderer Mannschaften irgendwo am Strand liegen und es sich gut gehen lassen, müssen die UI-

Cupler noch mal ran. Kein Wunder also, daß in der Regel schlecht gelauntes, müdes Gekicke geboten wird.

Abschaffen, und zwar sofort!

Grund 79: Hallenfussball

Hallenfußball ist das Methadonprogramm für den nicht mehr zu rettenden Fußballjunkie. Wenn der Winter kommt und die Bundesliga eine Ruhepause einlegt, geht der »Hallenzauber« los. Dann kommt auch die große Zeit des Deutschen Sportfernsehens, das ansonsten nur die zweite Bundesliga und Rand-Randsportarten im Programm hat.

Von Ende Dezember bis in den Februar macht das DSF aus dem Gekicke in der Halle eine ganz große Nummer – glauben sie zumindest. Denn die Wahrheit ist natürlich, daß Hallenfußball nun wirklich keine Sau interessiert, noch nicht einmal die teilnehmenden Mannschaften selbst. Aber die DSFler versuchen tapfer, die lächerlichsten Turniere aus der Stadthalle Böblingen oder dem Ballsportcenter Castrop-Rauxel als Großereignisse zu verkaufen.

Nach, vor, zwischen und während den Spielen gibt es Interviews mit den Superstars unter den deutschen Kickern, die sich selbstverständlich davor hüten, bei diesem Blödsinn mitzuspielen und damit eine Verletzung zu riskieren. Oft nur mühsam können sie bei den durchaus ernst gemeinten Fragen (»Glauben Sie, daß der FC Bayern das Ausscheiden bis zum Beginn der Bundesliga-Rückrunde verkraftet hat?«) ein Lachen unterdrücken.

Von der seltenen Spezies der Befürworter des Hallenfußballs hört man meistens, daß die räumliche Nähe zu den Spielern das eigentlich Faszinierende sei. Was ist denn um Himmels willen so großartig daran, dem verschwitzten Kampfschwein Marc Wilmots ganz nah zu sein oder die Schweißfüße von Fredi Bobic zu riechen?

Trotz all dieser Gründe gibt es immer noch einige Menschen, die dem »Hallenspektakel« nicht abgeneigt sind. Doch sie bestraft der DFB mit einem völlig undurchschaubaren Modus, mittels dem sich die Mannschaften für das letzte Turnier, dem Masters, qualifizieren müssen. Ausrichter, Vorjahressieger, Meister (?) und DFB-Pokalsieger (???) sind gesetzt, die anderen Teams werden durch eine Turnierwertigkeit, multipliziert mit dem eigenen Stellenwertkoeffizienten, geteilt durch die drei besten Teilnahmen ermittelt. So ungefähr jedenfalls.

Grund 80: Taktikgeschwafel

Die neueste Masche im deutschen Fernsehen! Denn Taktik war ja lange Zeit in Deutschland überhaupt kein Thema. An der Trainerakademie der Deutschen Sporthochschule hatte dieses Fach in etwa den gleichen Stellenwert wie Religion. Wenn man wollte, konnte man es ohne Probleme abwählen. Wozu sollte der Unfug auch gut sein? Solange deutsche Mannschaften ihre Spiele noch durch ihre Überlegenheit in Physis, Disziplin und Siegeswillen gewannen, hatten Taktikdiskussionen einen ähnlichen Ruf wie Psychotherapie oder Hormonspritzen bei Impotenz. Doch wie der Volksmund so schön sagt: »Hochmut kommt vor dem Fall«. So kam es dann auch. Deutschland verliert mittlerweile gegen Mannschaften wie USA oder Schottland und plötzlich reden alle über Taktik und zeigen, daß sie recht wenig davon verstehen.

Es dauerte tatsächlich bis 1999, bis Ralf Rangnick, damals noch Trainer des SSV Ulm, im »Aktuellen Sportstudio« die Funktion der Viererkette erklärte. Schnell meldete sich Bundestrainer Erich Ribbeck und machte sich über die Taktikvorlesung lustig. Weil man sich aber doch nur zu gut an Ribbecks traurige Zeit bei Bayern München erinnerte, lachte keiner. Sein Versuch, dort die Viererkette einzuführen, endete in einem peinlichen Desaster. Nachdem Ribbeck stundenlang über die neue Taktik dozierte, wies der Holländer Jan Wouters, fußballerisch ausgebildet an der »Elitehochschule« Ajax Amsterdam, mit einem hämischen Grinsen Ribbeck darauf hin, daß er was vergessen habe: die Absicherung der Kette.

Ribbeck hat seine Lehren aus diesem Ereignis gezogen. Mittlerweile läßt er seine Mannschaften nur noch in Systemen spielen, die er selbst erfunden hat. So kann ihm kein Naseweis mehr auf die Nerven gehen. Innovativ war zum Beispiel das 5-1-4 System, mit dem die Deutschen im Länderspiel 1999 gegen Norwegen antraten. Eine Hälfte lang grübelte Ribbeck, warum seine Stürmer keine Flanken bekamen. Aber dann hatte er eine Erleuchtung und stärkte ganz konventionell das Mittelfeld. Uns graust es vor den taktischen Neuerungen, die Ribbeck sich für die Europameisterschaft 2000 in Holland und Belgien ausgedacht hat.

Grund 81: Die neuen Trikots

Trikots gab es schon zu seligen Fußballzeiten, aber was uns da in letzter Zeit geboten wurde, schreit geradezu nach Roter Karte. Warum nur, wenden wir uns flehentlich an den Himmel, können sich die Jungs nicht vernünftig anziehen? Die Antwort: Weil sich die Vereine ein paar Mark dazuverdienen wollen.

Auch Dr. Peter Krohn hatte damals die Vereinskasse im Sinn. Der Hamburger Tausendsassa, dem es unter anderem gelang, Franz Beckenbauer zum HSV zu locken, hatte plötzlich eine tolle Idee: Anfang der 80er Jahre ließ er seine Mannschaft in Rosa Trikots auflaufen. Er war sich sicher, damit mehr Frauen ins Stadion zu locken. Hat komischerweise nicht geklappt.

Die Vereine verdienen neuerdings einen großen Teil ihres Umsatzes mit Merchandising und dabei besonders mit dem Verkauf von Spielertrikots. Klar, daß sie deshalb jede Saison ein neues Modell auf den Markt bringen. Noch klarer, daß da den

Modedesignern nicht nur die guten, sondern auch schon sehr bald die schlechten Ideen ausgehen.

Der 1. FC Köln spielte über lange Jahre in komplett weißer Kluft. Sowas nennt man Tradition. Der Verein wollte natürlich auch kräftig Trikots verkaufen, doch die Farbe weiß läßt sich nur mäßig variieren. Jahrelang lief der Verkauf der FC-Hemdchen mehr schlecht als recht. Dann, in der Saison 97/98, kam der Club auf eine folgenschwere Idee: Die Mannschaft wurde in ein Orange gekleidet, das normalerweise dazu dient, gefährdete Personen im Straßenverkehr zu schützen. Blöd nur, daß es damit den Kölner Spielern unmöglich war, ihren Gegenspielern zu entkommen.

Noch peinlicher waren die Trikots des VfL Bochum. Wer sich kleidet, als wäre er Stammgast am Ballermann 6 – sie erinnern sich an diese quietschbunten Dinger – muß sich nicht wundern, wenn er von niemanden mehr ernst genommen wird. Die Spieler schämten sich zu Tode und simulierten lieber mal eine Verletzung als sich im Fernsehen lächerlich zu machen.

Oder werfen wir doch mal einen Blick auf die Hemden der Münchner Bayern. 1998/99 spielten sie in nachtblauen Jerseys mit einem roten Brustring. Schöne Kleidung finden wir – wenn man drei bis fünf Jahre alt ist.

Grund 82: Die neuen Bälle

Die FIFA läßt wirklich keine Möglichkeit aus, dem Fußball seine Seele auszutreiben. Glauben sie nicht? Dann passen Sie mal auf, was sich die Weltfußballorganisation ausgedacht hat. Eine der neuen Regeln besagt folgendes: Wenn ein Ball ins Tor- oder Seitenaus rollt, muß er sofort von einem Balljungen durch ein neues Spielgerät ersetzt werden. Damit soll das Spiel schneller werden, aber wen interessiert das schon? Hat denn von den Schlaumeiern niemand bedacht, daß der Ball dann nicht mehr das gesamte Spiel mitbekommt?!

Sie verstehen nicht? Dann werden wir eben etwas deutlicher. Wurde früher in der 90. Minute ein Elfmeter gepfiffen, wußte der Ball immer ganz genau, wir betonen immer, ob er »reingehen« soll oder lieber neben das Tor. Die Pille hatte nämlich das ganze Spiel gesehen und konnte mit Fingerspitzengefühl entscheiden, ob ein Treffer gerecht war oder nicht.

Heute ist es möglich, daß ein Ball jungfräulich ins Spiel eingreifen muß. Woher soll er denn wissen, ob eine der Mannschaften noch einen Treffer verdient hat? Das kann er natürlich nicht und genau darum muß diese neue Regel wieder abgeschafft werden!

Grund 83: Der Fernsehbeweis

Seit einigen Jahren versucht man den Fußballfans zu verklickern, daß der Fernsehbeweis die Lösung für viele Probleme wäre. Die Wahrheit ist allerdings, daß, wenn diese perverse Form des Nachkartens eingeführt, der Fußball einen großen Schritt Richtung Grab machen würde.

Will man uns denn weismachen, der Fußball würde besser, wenn man ein Spiel alle fünf Minuten unterbricht, um eine Schiedsrichterentscheidung stundenlang zu diskutieren? Ist es wirklich nötig, Abseitsstellungen mit dem Geodreieck nachzumessen? Wollen wir, daß Taubstumme eingestellt werden, die den Spielern Obszönitäten von den Lippen lesen, um sie dann zu bestrafen? Das Ergebnis wäre 100% keimfreier Fußball, über den man schon fünf Minuten nach Abpfiff kein Wort mehr zu verlieren bräuchte. Keine Stammtischdiskussionen mehr über unberechtigte Elfmeter. Es hätte kein Wembleytor gegeben. Hölzenbein wäre nach dem WM-Finale 1974 standrechtlich erschossen und Holland am grünen Tisch zum Weltmeister erklärt worden.

Wollen wir das wirklich?

Grund 84: Fussball im Internet

Es hätte uns auch schwer gewundert, wenn das Internet am Fußball vorbeigegangen wäre. Fast alle Vereine der ersten und zweiten Bundesliga bieten mittlerweile eigene Seiten im Netz an, die leider meistens von ein und derselben Webdesign-Firma kreiert wurden. Weil Fußballfans geradezu süchtig nach neuesten Informationen sind, ist Fußball einer der wichtigsten Suchbegriffe im Netz. Und es gibt auch wirklich jeden Blödsinn im Angebot.

Was sind das nur für Menschen, die am Wochenende lieber das Spiel ihres Vereins als heruntergetippten (!) Bericht im Internet (www.sport1.de) verfolgen, anstatt bei der Radioreportage mitzufiebern? Es müssen radikale GEZ-Verweigerer sein, anders können wir es uns nicht erklären.

Jetzt wissen wir auch endlich, wo diese schrecklichen Fußball-Statistik-Korinthenkacker ihre Informationen herhaben. Kurz bevor sie auf eine Party gehen, machen sie sich noch schnell unter www.ran.de schlau. Dann verbreiten sie schlechte Laune, weil sie mitten in einem Gespräch aus dem Hut zaubern, wie oft ein Spieler mit dem linken Fuß gefoult hat. Umgehend rauswerfen, solche Menschen!

Das »Kicker-Sportmagazin« bietet unter www.kicker.de all den Möchtegern-Trainern an, mit einem leider nur fiktiven 60-Millionen-DM-Etat seine eigene Mannschaft zusammenzustellen. Die Bewertung richtet sich nach Noten, die der »Kicker« für die realen Spieler am Wochenende vergibt. Der Hauptgrund, dieses Spiel zu hassen, ist, daß einer der Autoren es nur zu Platz 57558 von rund 80000 geschafft hat.

Stößt man dann auch auf die Homepage der Freunde von Berti Vogts (!!!), weiß man wie weit der Wahnsinn schon gediehen ist.

Grund 85: Bunte Ligen

Bunte Liga: Was sich zunächst richtig lustig anhört, nach Smarties und Haribo-Konfekt, ist in Wirklichkeit Fußball mit Bart, vollwertig recycled und biologisch garantiert abbaubar. So ist es halt, wenn sich ewige Studenten der Soziologie und rundlich gewordene Alt-68er am Wochenende zum Kicken treffen. Nicht, daß wir wirklich bengalische Feuer erwarten, wenn die nicht mehr ganz so jungen Spieler mit zerrupften Frisuren in ihren verbeulten Trikots und den abgeschnittenen Latzhosen auf den Platz laufen. Aber Fans, die zur Begrüßung einzelne Räucherstäbchen anzünden, stimmen einen schon sehr nachdenklich.

Im Spiel Haschisch Klettenberg (gibt's wirklich!) gegen United Linksträger (gibt's bald) läuft natürlich keiner mit der Geheimwaffe von Adidas, dem Fußballschuh »Terminator«, auf. Statt dessen jagen sie mit Birkenstocks dem Ball hinterher. Wird dabei mal ein Spieler gefoult, diskutieren die Spieler dialektisch miteinander – denn einen autoritären Schiedsrichter lehnen sie ab. Abschließend entschuldigt sich der Sünder mit einem Peace-Zeichen und alles ist wieder gut.

Aber das Spiel ist stinklangweilig. Politisch korrekt, aber taktisch blödsinnig, spielt Haschisch Klettenberg komplett ohne rechten Flügel. Die Linksträger, strategisch etwas versierter, spielen ein Feng-Shui-System: Vor den Toren steht niemand, das Karma kann frei fließen und Tore fallen wie die Körbe beim Basketball.

Derweil tummeln sich am Spielfeldrand die Lebensabschnittsgefährtinnen der Spieler und stricken. Wie wir sehen, ist offenbar momentan Damenbart in der Szene wieder chic. Die jungen Frauen bemühen sich redlich, das kickende Geschlecht in ihrem Spieltrieb bewußt zu erleben. Nebenbei produzieren sie die Wintertrikots aus Schafwolle. Uns läuft es kalt den Rücken herunter, als wir in der Halbzeitpause bei

Tofuburger und Vanillietee am Infotisch der antisexistischen Männergruppe herumstehen. Ein Flugblatt protestiert wütend gegen »die Stimme als männliches Instrument zur Raumgewinnung«. Flüsternd sind wir uns einig, daß es reicht. Wir entscheiden uns, schleunigst zu verschwinden. Noch auf dem Weg zum Auto werden wir von antiautoritär erzogenen Kids mit Waldorfsalat beschmissen.

Grund 86: Golden Goal

Neue Regeln, die englische Bezeichnungen tragen, sind doch von vorneherein unnötig! Damit kriecht man nur den Amerikanern in den Allerwertesten, die Fußball ohnehin niemals vestehen werden.

Nur um den Fußball in Amerika populärer zu machen, wurde mit dem Golden Goal die Verlängerung abgeschafft. Dabei geht man in Funktionärskreisen von der irrwitzigen These aus, daß durch die Einführung des Golden Goals die »Extra-Time«, wie es vermutlich bald heißt, spannender wird. Was für ein Blödsinn! Haben wir uns als Kind nicht immer über eine Verlängerung gefreut? Haben wir! Und warum? Weil wir dann noch nicht ins Bett mußten und länger aufbleiben durften.

Aber damit ist nun Schluß. Nie mehr werden wir eine Mannschaft sehen, die alles nach vorne wirft, weil sie in der Verlängerung zurückliegt. Keine Freude mehr bei dem Team, das sich mit allerletzter Kraft in ein Elfmeterschießen gerettet hat.

Daß es sich um eine von langer Hand geplante Verschwörung handelt, zeigt doch, daß Oliver Bierhoff der erste Golden-Goal-Schütze war. Wer sonst als der weichgespülte Liebling aller Schwiegermütter hätte diesen Unfug besser verkaufen können?

Grund 87: 3-Punkte-Regel

Da dachte doch bei der FIFA wieder einer, Fußball muß unbedingt spannender werden. Zwar hatte keiner gemeckert, niemand war in den Stadien vor Langeweile eingeschlafen, aber das neue Feindbild war gefunden: das Unentschieden.

Nicht, daß es wirklich Mannschaften gab, die einfach nicht gewinnen wollten. Aber man dachte sich, daß durch diese neue Regel mehr Tore fallen würden. Seitdem gibt es 3 statt 2 Punkte für einen Sieg. Geändert hat sich nichts: Es fallen nicht mehr Treffer und wenn man am Ende einer Saison die 2-Punkte- und die 3-Punkte-Tabelle vergleicht, gibt es in der Zeit seit der Einführung der neuen Regel in beiden Tabellen immer die gleichen Meister.

Sportlich hat sich also so gut wie nichts getan, aber psychologisch umso mehr. Jetzt hat der eigene Verein plötzlich erschreckende 7 Punkte Rückstand! Zwar nur künstlich aufgeblasen (7 Punkte = 2 Siege und ein Remis), aber das alte Denken ist den Köpfen aller zementiert. Das geht nicht nur den Zuschauern so, sondern auch den Trainern und Vorständen – sie reagieren mit Trainerentlassungen oder Magengeschwüren. Zum Glück haben beide Autoren im Abitur einen Mathematik-Leisungskurs belegt und fallen auf diesen FIFA-Trick nicht herein.

Grund 88: Die neue Abseitsregel

Schon früher war die Abseitsregel die wahrscheinlich komplizierteste im ganzen Reglement. Frauen war es lange Zeit einfach unmöglich, sie zu verstehen. Das hat der FIFA nicht gereicht. Sie entwickelte eine Fassung, die überhaupt niemand mehr versteht. Weder Spieler noch Trainer. Dafür hat jetzt jeder Schiedsrichter die Möglichkeit, seiner Pfeiferei eine persönliche Note zu geben.

Grund 89: Die Rückpassregel

Was haben wir denn jetzt schon wieder gegen die Rückpaßregel? Die hat sich doch prima bewährt. Das Spiel ist doch viel schneller geworden und die schrecklichen Verzögerungen nach einem Paß zurück zum Torwart gibt es auch nicht mehr. Alles richtig, aber was passiert denn heute in einem solchen Fall? Der Torwart darf den Ball nicht mehr in die Hand nehmen, sondern muß ihn wie jeder normale Feldspieler mit dem Fuß spielen. Schnell sieht man, warum man die Oliver Recks, Bodo Illgners oder Oliver Kahns dieser Welt damals ins Tor stellte, wenn man auf der Strasse oder in der Schule gespielt hat: Weil sie überhaupt kein Talent für Fußball besaßen und auch die einfachsten Grundtechniken bei täglichen Training bis heute nicht gelernt haben. In Köln hielt man im Publikum jahrelang kollektiv die Luft an, wenn ein Ball zu Bodo Illgner zurückgespielt wurde. Er machte sich hüftsteif mit großen Schritten auf den Weg, um die Pille nach vorne zu bolzen. Es gibt Kölner Fans, die behaupten glaubhaft, dabei ihre ersten grauen Haare bekommen zu haben.

Heute verdienen die Luschen, die wir damals mit einem hämischen Grinsen ins Tor gestellt haben, als Profis mehr Kohle in einer Woche als wir in einem Jahr! Und sind nicht einmal dankbar dafür. Das hat uns die Rückpassregel erst klar gemacht.

Grund 90: Und so wird's enden

Wie wir aus gewöhnlich gut unterrichteten Kreisen erfahren haben, bastelt die FIFA an weiteren Regeländerungen. Natürlich mit der Absicht, das Spiel attraktiver zu machen. Die neuesten Ideen stellen auf eine Zielgruppe ab, die man gerne häufiger im Stadion hätte: die Frauen. Denen will man in der Zukunft mehr bieten. Eine neue Regel, die bei der WM 2006 eingeführt werden soll, besagt, daß ein Spieler nach einem Foul ein Kleidungsstück abgeben muß. Ist er nackt, muß er den Platz verlassen. Wie durchdacht diese Regelung ist, erkennt man schon daran, daß der Spielführer einer Mannschaft mit der Käpitänsbinde einen Bonus hat. Macht auch Sinn, weil er ja auch mal reklamieren muß.

Probleme gibt es mit der Regel noch, weil in den skandinavischen Ländern häufig unter den Trikots noch wärmende Unterwäsche getragen wird. Wär ja unfair. Mal sehen, was draus wird.

X. DER REST

Eine zugegeben genial gewählte Überschrift. Überlegen Sie doch einmal, wir hätten das Kapitel beispielsweise »Fußball im Radio« oder »Fußball zu Opas Zeiten« genannt. Keinen einzigen der restlichen 11 Gründe, ohne Fußball zu leben, hätten wir dann hier verbraten können. Und das wäre doch sehr schade gewesen.

Grund 91: Frauenfussball

Was bekommt man nicht heute alles für einen Unsinn zu hören, wenn Sportmoderatoren und andere Wahnsinnige über Frauenfußball schwadronieren. Frauenfußball sei eine »boomende Sportart«, das Spiel der Mädels ästhetischer und viel fairer sowieso. Außerdem würden die Damen mehr Wert auf die technischen Feinheiten legen und spielen das modernere System.

Was für eine unverfrorene Heuchelei!

Ob das Spiel der »Frauen« ästhetischer ist, mag dahingestellt sein. Fest steht jedenfalls, daß es beim Fußball erst in dritter oder vierter Linie auf Ästhetik ankommt – Hauptsache, die Pille geht rein. Auf die Fairness ist, Entschuldigung, auch geschissen, denn wenn man sich schon ein Fußballspiel anschaut, soll's auch deftig zur Sache gehen. Gerade mörderische Blutgrätschen, gemeine Revanchefouls und hinterhältige Nickeleien wie ein gepflegter, im Ansatz nicht zu erkennender Ellbogencheck machen den Fußball, wenn überhaupt, ansehnlich. Und ihre technischen Feinheiten sollten die Damen doch lieber am heimischen Herd ausspielen. Dafür hat wenigstens jeder Mann der Welt Verständnis.

Am unverständlichsten aber ist das Gebrülle, das vielen Männerkehlen entweicht, wenn ein Frauenfußballspiel endlich abgepfiffen ist: »TRIKOT-TAUSCH! TRIKOT-TAUSCH!« Nein, nein und nochmals nein! Wir wollen die Spielerinnen von Kochlöffel Koblenz, Terrine Tübingen und Wechseljahre Weimar keinesfalls nackt sehen! Noch nicht einmal ansatzweise.

Grund 92: Kicker-Sportmagazin

Jetzt ist wohl der Moment gekommen. Die Autoren geben zu, sich bei den wöchentlichen Treffs der »Anonymen Kickerleser« kennengelernt zu haben. Ja, wir sind süchtig nach dem größten deutschen Fußballmagazin und das seit Jahren. Jeden Montag und jeden Donnerstag schleichen wir uns zum Zeitungskiosk und nehmen zitternd die Zeitung in Empfang. Warum es so ist, können wir uns nicht erklären. Liegt es an den endlosen Bleiwüsten, in denen jedes Spiel haarklein analysiert wird? Sind es die Kommentare des mittlerweile 75 Jahre alten Herausgebers Karl-Heinz Heimann, der mit Maßstäben der 50er Jahre das Geschehen moralisiert? Ist es die jährliche Überdosis, die uns das Bundesliga-Sonderheft vor Saisonbeginn mit allen Mannschaften in Farbe verabreicht? Oder hassen wir einfach unsere Sucht, weil wir von ihr nicht loskommen? Fragen über Fragen, denen wir jetzt nicht weiter nachgehen können. Es ist Montag morgen, 8.55 Uhr. In fünf Minuten macht unser

Zeitungshändler auf und wir können es kaum erwarten, den neuen Kicker in Händen zu halten.

Grund 93: Fussballbücher

Nicht genug, daß man im Fernsehen ständig mit Fußballsendungen zugeschissen wird. Nein, es müssen auch noch Tonnen von Büchern auf den Markt, die sich auf irgendeine Weise mit Fußball beschäftigen. In Ihrer Buchhandlung werden Sie auf drei verschiedene Arten stoßen, die unterschiedlich an dieses Thema herangehen.

Komplett zu vernachlässigen sind die Schriften von Fernsehfuzzis wie Ernst Huberty, Jörg Wontorra oder Heribert Faßbender. Diese Bücher heißen immer »Titel, Tränen und Triumphe« und haben alle exakt den gleichen Inhalt.

Aber auch Männer vom Fach, also Spieler oder Trainer, fühlen sich zum Schreiben berufen. Es fällt zwar auf, daß sie im Deutschunterricht wohl des öfteren nicht bei der Sache waren, doch in diesen Arbeiten findet sich manchmal Erstaunliches. So fordert Toni Schumacher in seinem »Anpfiff«, daß den Nationalspielern bei großen Turnieren von Seiten des DFB gefälligst ein paar Freudenmädchen gestellt werden sollten. Auch 'ne Art, seine Frau zu betrügen: »Schatzi, ich mußte die Kleine vögeln! Anordnung von Egidius Braun!« Das Multigenie Franz Beckenbauer hat schon mehrere Veröffentlichungen auf seinem Kerbholz, u.a. ein Werk mit dem wohltuend bescheidenen Titel »Ich«, in dem er nur zwischen den Zeilen durchblicken läßt, was für ein Trottel Gerd Müller in seinen Augen ist.

Noch in den Kinderschuhen steckt die witzige Variante, die versucht, dem Fußball die heiteren Seiten abzugewinnen. Liest man so ein Stück »Literatur«, wird sofort klar, warum die Deutschen im Ausland als humorlos gelten. Hier ist Tony Schwaegerls »Fußball heiter« das abschreckendste Beispiel.

Eine unlustige und langweilige Anekdote folgt der nächsten. Der Autor schreckt noch nicht einmal davor zurück, die unvermeidliche Taube zu erwähnen, durch die ein Schuß ins Tor abgelenkt wurde. Aber sicher, Herr Schwaegerl! Was schreiben Sie als nächstes? Oliver Kahn hat eine Yucca-Palme in der Hose, aus der ständig kleine Vogelspinnenbabys krabbeln? Wir sind gespannt.

Auf einem guten Weg befanden sich Reinhold Beckmann und Sven Böttcher, als Sie »LiebesLeder« verfaßten. Aber erst mit »101 Gründe, ohne Fußball zu leben« wurde das lustige Fußballbuch zum Kassenschlager und machte die beiden Autoren zu schwerreichen Männern. Hoffen wir zumindest.

Grund 94: Fussballer sind unglaublich dumm!

Ja ja, eine Binsenweisheit, natürlich. Daß der Intelligenzquotient unserer Fußballstars in etwa mit dem ihres Spielgerätes gleichzusetzen ist, ist allgemein bekannt und in der modernen Sportwissenschaft unumstritten. In der Regel reicht es, sich ein Kurzinterview mit einem der Kicker nach Spielschluß anzusehen, um diese These als bewiesen anzusehen.

Aber bestimmt haben Sie nicht mehr alle Stilblüten und gehaltvollen Aussagen der Labbadias, Wegmanns und Thons im Kopf. Hier eine kleine Liste der dümmsten Sprüche unserer Lieblinge, ohne Anspruch auf Vollständigkeit. Und wer geglaubt hat, Andreas Möller sei der einzige Idiot im deutschen Fußball, sieht sich gleich eines Besseren belehrt.

»Zuerst hatten wir kein Glück, und dann kam auch noch Pech dazu!« (Jürgen Wegmann)

»Wir lassen uns nicht verrückt machen, und das geben wir auch nicht zu!« (Olaf Thon)

»Ich denke zuviel nach, obwohl ich ein Instinktfußballer bin.« (Uwe Fuchs)

»Das Geheimnis des Fußballs ist ja der Ball.« (Uwe Seeler)

»Die Breite an der Spitze ist dichter geworden!« (Berti Vogts)

»Ich fliege irgendwo in den Süden – vielleicht nach Kanada oder so.« (Mehmet Scholl)

»Körperlich bin ich gut drauf, physisch natürlich auch.« (Thomas Häßler)

»Im großen und ganzen war es ein Spiel, das, wenn es anders läuft, auch anders hätte ausgehen können.« (Eike Immel)

»Die Eintracht ist vom Pech begünstigt.« (Karl-Heinz Körbel)

»Zu fünfzig Prozent haben wir es geschafft, aber die halbe Miete ist das noch nicht.« (Rudi Völler)

»Der Rizzitelli und ich sind schon ein tolles Trio!« (Jürgen Klinsmann)

»Zwei Chancen, ein Tor. Das nenne ich hundertprozentige Chancenverwertung.« (Roland Wohlfahrt)

»Das wird alles von den Medien hochsterilisiert!« (Bruno Labbadia)

»Was heißt hier ein Drittel der Nettoeinnahmen? Unter einem Viertel mache ich es nicht!« (Horst Szymanik)

»Wir dürfen den Sand nicht in den Kopf stecken!« (Lothar Matthäus)

Grund 95: Fanartikel

Wir sind sicherlich unverdächtig, nur sinnvolle Sachen zu kaufen. Als regelmäßige Käufer des »Yps«-Heftes machen wir so ziemlich jeden Blödsinn mit. Aber was heutzutage die Fanartikel-Kataloge der Vereine auf den Markt werfen, paßt auf keine Kuhhaut mehr.

Wir wollen hier gar nicht erst von den kratzigen Fanschals aus Polyester reden, vom Schalke 04-Senf oder vom Borussia Dortmund-Benzin. Wir interessieren uns mehr für die Gedanken einer Frau, wenn ihr Mann nachts mit einem Bayern München-Schlafanzug bekleidet ins Ehebett steigt.

Oder für den Fußballanhänger, der versucht, in einer Kneipe mit einer Frau ins Gespräch zu kommen, obwohl er das 1. FC Köln-After Shave »Eff-Zee« aufgetragen hat. Aus gewöhnlich gut unterrichteten Kreisen haben wir erfahren, der Duft des Rasierwassers erinnere an schlechtgelüftete Turnhallen.

Wir glauben: Wer einen großen Teil seines täglichen Bedarfs im Fanshop einkauft, wird schnell zu einem sehr vereinsamten Mann. Umso nötiger braucht er die menschliche Wärme der Fankurve am Wochenende.

Grund 96: Fussballtoto

Ein Fußballfan, der etwas auf sich hält, findet sich Woche für Woche in der Lottoannahmstelle seines Vertrauens ein und füllt dort seinen Totoschein aus. Beim Fußballtoto gilt es, von elf Fußballspielen möglichst viele richtig zu tippen. Um es den tumben Spielsüchtigen nicht ganz so schwer zu machen, müssen nicht die genauen Ergebnisse vorausgesagt werden. Es reicht aus, zu bestimmen, wer als Sieger vom Platz geht oder ob die Partie unentschieden endet.

Schon bei neun richtigen Tipps ist man ein Gewinner und muß für den Rest seines Lebens nicht mehr schuften gehen. Grandiose Quoten von in der Regel fünf bis zehn Mark geben dem glücklichen Sieger die Chance, die gewonnene Kohle in einen Lottoschein zu investieren. Mit ein wenig Glück ist man kurze Zeit später Millionär!

Trifft man zehn richtige Spielvoraussagen, steigt der Geldsegen ins Unvorstellbare – oft werden gar dreistellige DM-Beträge erreicht! Macht man gar überhaupt keinen Fehler, kann man mit einem Platz in der Forbes-Liste der zehn reichsten Männer der Welt rechnen.

Beim Fußballtoto unterscheidet man grundsätzlich zwei verschiedene Arten von Spielern: Typ A kauft sich, bevor er tippt, sämtliche Fußballfachzeitschriften und verbringt Stunden, manchmal Tage damit, die anstehenden Partien zu analysieren. In dieser Zeit ist er nicht ansprechbar, oft hört man nur ein Gemurmel wie »Häßler verletzt«, »Aha, Werders Angstgegner« oder »schwache Auswärtsmannschaft«. Jede Kleinigkeit wird notiert und irgendwann steht der Tip.

Das Tragische ist, daß solche Menschen trotz ihres Aufwandes so gut wie nie auch nur eine müde Mark gewinnen. Ihr ganzes Fachwissen verpufft am Wochenende. Dann nämlich stellt sich heraus, daß der fitgespritzte Häßler dreifacher Torschütze war; daß Werder Bremen seinen ehemaligen Angstgegner 5-1 vom Feld gefegt hat; daß die bis dato schwächste Auswärtself der Liga ihren ersten Sieg auf fremdem Platz feiern konnte. So kann's gehen und so geht's auch immer.

Im krassen Gegensatz zu Typ A steht Typ B. Ihn scheren diese Statistikspielchen überhaupt nicht. Er tippt wild drauf los, oft weiß er nicht einmal genau, was er da jetzt angekreuzt hat. Natürlich gilt festzuhalten, daß auch dieser Spielertyp im Normalfall nichts gewinnt. Immerhin hat er eine Menge Zeit gespart. Das ist doch schon was.

Grund 97: Sammelbildchen

Pünktlich zu jeder WM und EM, aber auch vor einer stinknormalen Bundesligasaison erscheinen die Sammelalben mit den zugehörigen Bildchen in den Kiosken. Früher war das noch weit öfter der Fall als heute, und fast jeder kleine und auch größere Junge hatte so ein Album im Schulranzen.

Während wir also unser gesamtes Taschengeld in selbstklebende Fotos irgendwelcher Fußballspieler investierten, hatten die Mädels ein Pendant: Das Poesiealbum, in das man schwülstige Sprüche und Ratschläge schmierte, an die man sich selbst nie zu halten gedachte. Manche Weiber hatten wie wir auch Sammelalben, allerdings von Bernhard & Bianca oder dem Dschungelbuch. Peinlich! Aber wir schweifen ab.

Das Kaufen der Tütchen mit drei oder vier Bildern Inhalt war keineswegs immer nur die reine Freude. Die Sammelbild-Verlage, beispielsweise Panini, hatten eine äußerst gemeine, ja fast schon verbrecherische Taktik: Bestimmte Bilder wurden einfach nicht so häufig aufgelegt und damit verkauft. Was zur Folge hatte, daß zum einen bestimmte Stellen im Album ewig lang freiblieben, zum anderen der Stapel von doppelt gesammelten Bildern stetig anwuchs. Die seltenen Stücke waren auf dem Tauschmarkt sehr beliebt und erzielten horrende Preise. Natürlich konnte man sie auf dem Postweg auch einfach beim Verlag beziehen, doch für einen echten Sammler war das natürlich nur die letzte aller Möglichkeiten.

Ebenso unangenehm waren die Mannschaftsfotos, die aus vier bis sechs Einzelbildern bestanden. Auch hier blieb immer eine Ecke frei, und man traute sich nicht, sein Album einem Freund zu zeigen. War das fehlende Objekt der Begierde endlich gefunden, klebte man das Ding vor lauter Aufregung schief ein und die ganze Sammelei war umsonst.

Die Spätfolgen sind heute unübersehbar: Aus ehemaligen Sammlern sind meist gescheiterte Existenzen geworden, finden sich im normalen Leben nicht mehr zurecht oder schreiben Bücher gegen den Fußball, um sich abzureagieren.

Gehören Sie auch zu dieser Gruppe? Es wird Zeit, daß gegen die Sammelbildverlage endlich rigoros vorgegangen wird.

Enteignet Panini!

Grund 98: Standardsprüche

Während man über die grenzenlose Dummheit der kickenden Zunft eventuell sogar noch schmunzeln kann, vergeht einem das Lachen spätestens bei den ewig gleichen Standardsprüchen. An alle Moderatoren, Kommentatoren, Spieler und Trainer! Folgende Aussagen sind ab sofort unter Androhung schwerster Strafen verboten:

Der Pokal hat seine eigenen Gesetze.
Tor ist, wenn der Schiedsrichter pfeift.
Es war das erwartet schwere Spiel.
Das nächste Spiel ist immer das schwerste.
Ein Tor würde dem Spiel guttun.
Wir müssen Ball und Gegner laufen lassen.
Wir müssen von Beginn an Druck machen.
Wie müssen das Tempo aus dem Spiel nehmen.
Das Ergebnis geht in Ordnung.
Ja gut, ich sach mal ...

GRUND 99: VEREINSLIEDER

Eines der wunderbarsten Geschenke, die uns der Fußball beschert hat, sind die Vereinslieder, die vor den Spielen durchs Stadion hallen und von den glückseligen Fans lauthals mitgesungen werden.

Zunächst gilt es zu unterscheiden, welches Ziel die Macher mit ihrem Stück erreichen wollen. Bayer Leverkusen und Borussia Dortmund setzen voll und ganz auf die Kraft der Hypnose, indem der Vereinsname wieder und wieder in die Köpfe der Fans eingehämmert wird. Während man in Leverkusen auf ein Stakkoto (»Bayer, Bayer, Bayer, Bayer, Bayer ...«) baut, versuchen die Dortmunder ihre Anhänger durch langsame Wiederholung (»Booo-ruuu-sssiiiaaa, Booo-ruuu-sssiiiaaa«) in eine Art Trance zu versetzen.

Beim MSV Duisburg dagegen scheint man kein sehr großes Vertrauen in die Intelligenz der eigenen Fans zu haben. Damit diese nur nicht vergessen, wie ihr Club heißt und welches die Vereinsfarben sind, läuft in einer Endlosschleife folgender Text:

Zebrastreifen, weiß und blau,
Zebrastreifen, weiß und blau,

Ein jeder weiß genau:
Das ist der M-S-V!

Der 1. FC Köln setzt auf Vielfalt: Es gibt ungefähr so viele Vereinslieder wie die Stadt Einwohner hat, wobei natürlich nur Stücke von einheimischen Bands wie »De Höhner«, »BAP« und »Bläck Fööss« genommen werden. Der Trick: Auswärtige Fans verstehen von dem kölschen Slang kein einziges Wort, was das Wir-Gefühl unter den Kölner Anhängern immens stärkt.

Die aber wohl bekannteste Vereinshymne hat der FC Schalke 04. Bereits 1924 komponierte der große Hans J. König sein »Blau und Weiß, wie lieb ich Dich«. Das grandiose Werk hat bis heute nichts von seiner Faszination eingebüßt, obwohl der Text teilweise recht kryptisch daherkommt:

Mohammed war ein Prophet,
Der vom Fußballspielen nichts versteht,
Doch aus all der schönen Farbenpracht
Hat er sich das Blau und Weiße ausgedacht!

Aha, so war das also.

Grund 100: Youri Djorkaeff

Wir hassen diesen Mann. Und das mit gutem Grund, wie Sie gleich feststellen werden. Es geschah im Herbst 1999, an einem unfreundlichen, verregneten Sonntag. Im Zuge der Recherchen für dieses Buch stießen wir während eines gepflegten Brainstormings auf das Stichwort »Sportwetten«. In einem Anfall jugendlichen Leichtsinns beschlossen wir, einen gewagten Selbstversuch zu unternehmen: Per Internet und Kreditkarte setzten wir 20 Mark, für einen durchschnittlichen Autor immerhin fast ein Wochenlohn, auf die sechs Sonntagsspiele der ersten und zweiten Bundesliga. Die Regeln bei solchen Sportwetten sind so einfach wie gemein: Sind alle Spielvoraussagen korrekt, ist man ein Gewinner; bei dem kleinsten Fehler ist die schöne Penunze beim Teufel. Daß uns dieser Teufel in der Gestalt von Youri Djorkaeff begegnen sollte, konnten wir noch nicht wissen. Aber der Reihe nach:

Um 16 Uhr 45 waren die vier Zweitligabegegnungen abgepfiffen und die Ergebnisse entsprachen durchaus unseren Vorstellungen, soll heißen: Unser Fußballsachverstand hatte gesiegt – alle Spiele richtig getippt! Im Gegensatz zum primitiven Fußballtoto ist es bei den privaten Buchmachern möglich, anhand vorher festgelegter Quoten den eventuellen Gewinn zu berechnen – in unserem Fall satte 3700 Deutsche Mark! Die ersten Pläne wurden geschmiedet, was mit diesem Geldsegen anzufangen sei. Satzfetzen wie »Mal wieder richtig satt essen«; »Ich hatte noch nie 'ne Asiatin« und »Soll der Verleger sein Buch doch selbst schreiben« schwirrten durch den Raum, es wurde gelacht und gesungen.

Und tatsächlich: Der Reichtum war greifbar nahe. Jetzt mußten nur noch Bremen in Bielefeld und Kaiserslautern gegen Schalke unentschieden spielen – Bingo!

Harter Schnitt in die 89. Spielminute. Im Radio läuft die Schlußkonferenz der beiden Spiele. In Kaiserslautern steht es 1:1, in Bielefeld 2:2. Mein Gott, wir sind Genies! Warum hart arbeiten, wenn man sein Geld auch so verdienen kann? Die ersten Siegesbierchen werden verköstigt, Zigaretten mit Geschmack vorbereitet und die Telefonnummer vom Escort-Service herausgesucht.

90. Minute. Abfiff in Bielefeld. Nur noch Sekunden trennen uns – »TOR IN KAISERSLAUTERN!!!«.

Für immer haben sich diese drei Worte, die schlimmsten drei Worte nach »Laß uns heiraten!« und »Schaun mer mal« unlöschbar in unser Gehirn eingefräst.

In der allerletzten Sekunde hatte Youri Djorkaeff für

Kaiserslautern getroffen und uns damit einer sorgenfreien Zukunft beraubt. Noch heute läuft den beiden Autoren bei diesem Namen ein kalter Schauer über den Rücken.

Herr Djorkaeff, wenn Sie, obwohl Sie nur Franzose sind, einen Funken Ehre im Leib verspüren, dann überweisen Sie uns Ihre Siegprämie aus dem Spiel gegen Schalke. Oder zumindest die 3700 Piepen, die Sie uns mit Ihrem Treffer gestohlen haben. Denken Sie an die Völkerverständigung, denken Sie an die deutsch-französische Freundschaft! Zwei Kriege sind genug, Monsieur Djorkaeff!

(Kontonummer über unseren lieben und verehrten Verleger.)

Grund 101: Das Fussballquiz

Eine ganz und gar unnötige Erfindung sind die Fußball-Ratespielchen, die von Fernsehsendungen und Zeitungen dazu benutzt werden, um die Fans an ihr Produkt zu binden. Offensichtlich halten die Erfinder dieser Spielchen die Fußballfans für so unglaublich unterbemittelt, daß auch jemand, der sich noch niemals in seinem Leben mit Fußball beschäftigt hat, die Fragen beantworten kann.

Das von »ran« erfundene und bereits erwähnte Super-Q tut sich hier besonders unangenehm hervor. Die Frage, die den Gewinner meist zum stolzen Besitzer eines neuen Autos macht, ist normalerweise so formuliert:

Welcher Spieler von Bayer Leverkusen schoß am Wochenende drei Tore gegen den MSV Duisburg?

Kann man wissen, muß man nicht wissen. Aber »ran« gibt auch noch drei Antworten zur Auswahl vor, die dann so aussehen:

A) Ulf Kirsten
B) Luciano Pavarotti
C) Micky Maus

Ein echter Fußballfan muß sich bei diesen »Lösungsmöglichkeiten« schlichtweg veräppelt vorkommen. Fürwahr ein Grund, fortan ohne Fußball zu leben!

EPILOG

101 Gründe und gut 27.000 Wörter später: Ja, wir haben es geschafft! Mit diesem Buch haben wir uns per Eigentherapie vom Fußball-Virus befreit und sehen die Welt jetzt mit ganz anderen Augen. Frauen, Glücksspiel, Alkohol – es gibt viele Dinge, für die es sich zu leben lohnt. Verplempern Sie ihre Zeit nicht mit Fußball. Es lohnt sich wirklich nicht.

Marko Lucht & Dirk Udelhoven

GLOSSAR

1: Fußball macht auf Dauer wahnsinnig!
2: FC Bayern München
3: Borussia Dortmund
4: Bayer Leverkusen
5: Borussia Mönchengladbach
6: 1. FC Köln
7: Schalke 04
8: Die grauen Mäuse
9: Die Ostclubs
10: Franz Beckenbauer, die erste
11: Stefan Effenberg
12: Andreas Möller
13: Mario Basler
14: Oliver Bierhoff
15: Lothar Matthäus
16: Oliver Kahn
17: Thorsten Legat
18: Die Jungstars
19: Die Schiedsrichter
20: Die Präsidenten
21: Die Manager
22: Die Fans
23: Die Hooligans
24: Die Altstars
25: Der DFB
26: Die Spielervermittler
27: Der Super-Doc
28: Die Parasiten
29: Spielerfrauen
30: Meckern
31: Aberglaube
32: Derbys
33: Hymnen
34: Autokorsos
35: Trikottausch
36: Jubelorgien
37: Siegesfeiern
38: Interviews nach dem Spiel
39: Berti Vogts
40: Erich Ribbeck
41: Franz Beckenbauer, die zweite
42: Christoph Daum
43: Ewald Lienen
44: Udo Lattek
45: Felix Magath
46: Huub Stevens
47: Otto Rehhagel
48: Die anderen Irren
49: Deutschland

Gerlis Zillgens

101 Gründe, ohne Männer zu leben

118 Seiten. SP 3167

Männer sind Geschöpfe, die im Leben jeder Frau Unheil anrichten: Sie hinterlassen im Bad zusammengeknüllte Handtücher, Unmengen von Bartstoppeln und haben 99 andere schlimme Dinge an sich. Von B wie Bierbauch über H wie hängende Hosen bis Z wie zauberhafte Macken legt Gerlis Zillgens 101 Gründe vor, ohne Männer zu leben. Ihre fundierte Untersuchung läßt nur eine Konsequenz zu: Sollten Sie noch immer eines dieser Wesen bei sich zu Hause beherbergen, handeln Sie jetzt, und manövrieren Sie es zur Haustür hinaus ... Ein Buch über das starke Geschlecht, das die vielgerühmte Stärke hinterfragt und uns 101 männliche Schwächen vorlegt. Amüsant und herzerfrischend für Menschen beiderlei Geschlechts!

»Gerlis Zillgens nimmt mit viel Humor die Macken unserer doch unentbehrlichen Lieblinge auf die Schippe.«
Carina

Stefanie Baumm

101 Gründe, keine Kinder zu kriegen

118 Seiten. SP 3170

Sie kennen das sicher: Der Blick gleitet durch die Wohnung und trifft auf ein Wesen von noch nicht einmal einem Meter Länge, das marodierend durch die Küche zieht, eine Spur der Verwüstung hinter sich lassend. Reste angenagter Brötchen und zerquetschter Bananen pflastern seinen Weg, derweil es unbeirrt auf den Schrank mit dem guten Geschirr zusteuert – vom Tod bedroht. Ein Fall für den Kinderschutz? Nein, meint Stefanie Baumm: Elternschutz, das ist es, was wir brauchen! Lesen Sie »101 Gründe, keine Kinder zu kriegen«, bevor Sie sich auf das Wagnis Kind einlassen. Wenn Sie schon welche haben, so wird dieses Buch trösten und aufmuntern – Kopf hoch, da müssen Sie durch!

»Wer über eigenes Anschauungsmaterial verfügt, wird weise mit dem Kopf nicken. Ein Buch für alle.«
Norddeutsche Rundschau

SERIE PIPER

Jens Klocke,
Laabs Kowalski

101 Gründe, kein Fernsehen zu gucken

119 Seiten. SP 3166

Es gibt 101 Gründe, kein Fernsehen zu gucken. Das jedenfalls meinen ausgerechnet die zwei Fernsehprofis Jens Klocke und Laabs Kowalski. Kritisch, witzig und frech nehmen sie das schrillste Medium des Jahrhunderts unter die Lupe. Kaum etwas entgeht ihren lästerlichen und schonungslosen Enthüllungen: Talkshows und ihre Moderatoren, Soaps, Sitcoms, Spielfilme und Serien, Quiz-Shows, Kultur- und Kindersendungen werden genußvoll durch den Kakao gezogen. Und mal ehrlich: Welchem Talkshow-Moderator würden Sie zutrauen, das Wechselgeld richtig herauszugeben? Eine humoristische Liebeserklärung für alle, die in aufrichtiger Haßliebe dem täglichen Programm verbunden sind, alle Moderatoren kennen, obwohl sie nachmittags nie fernsehen, und eine absolute Lieblingsserie haben, die sie gegen alle Welt verteidigen.

Jens Oliver Haas

101 Gründe, ohne Frauen zu leben

119 Seiten. SP 3165

Mit messerscharfer Logik beweist Jens Oliver Haas, daß der Mann für das Zusammenleben hervorragend geeignet ist – nicht jedoch mit einer Frau. Das Ergebnis bestätigt, was wir im stillen schon immer wußten: Die Frau, ob als Mutter, als Mitbewohnerin, Freundin oder Ehefrau, macht das Leben des Mannes zum Martyrium. Mütter stricken ihren Söhnen babyblaue Pullover, um sie zu demütigen, Mitbewohnerinnen schleppen fremde Männer in die WG, um das Selbstwertgefühl ihrer Mitbewohner zu zerstören, und Freundinnen stellen den Radiowecker auf die absurdesten Zeiten. Augenzwinkernd erzählt Jens Oliver Haas aus dem Leben eines geplagten Mannes – amüsant und herzerfrischend für Menschen beiderlei Geschlechts.

Gute-Nacht-Geschichten für Männer, die nicht einschlafen wollen

Herausgegeben von Ingrid Kahl.
143 Seiten. SP 2651

Es gibt eine Alternative zu den zwei üblichen Tätigkeiten im Bett – und ihr ist dieses Buch gewidmet: Frau kann dem Manne an ihrer Seite auch etwas vorlesen. Zum Beispiel eine der Geschichten dieses Bandes, für den sechzehn Autorinnen sechzehn Erzählungen und einen Abzählreim beigesteuert haben. So gibt es kein schlafloses Herumwälzen mehr, das den eigenen Schlaf kostet. Und selbst das männliche Sägewerk kann zur Ruhe gebracht werden. Einfach vorlesen! Und daß die Geschichten nicht vom Liebesleben der Flußkiesel erzählen, sondern hineingreifen ins volle Liebesleben von Mann und Frau, versteht sich bei diesen Betthupferln von allein. Hier wird geliebt und gelitten, gestritten und Versöhnung gefeiert, daß es eine wahre Freude ist. Und alle Geschichten dienen ausschließlich dem einen guten Zweck: Vergnügen zu bereiten.

Männer-Geschichten zum Rotwerden

Über die wichtigste Sache der Welt.
Herausgegeben von Sabine Blau.
252 Seiten. SP 3497

Männer-Geschichten über Sinnlichkeit und Begehren. Zweiundzwanzig Autoren haben sich Geschichten zum Rotwerden ausgedacht, darunter Jürgen Alberts, Fred Breinersdorfer, Franzobel, Frank Goosen, Radek Knapp, Michael Köhlmeier, Sky Nonhoff, Burkhard Spinnen, Henning Venske und Zé do Rock. Lassen Sie sich überraschen, wovon die Geschichten erzählen, ob von Verführung oder Gelegenheit, vom Reiz schöner Augen oder aufregender Dessous, von Nachbars Kirschen oder Hausmannskost, ob die Liebe vor dem Sex oder der Sex vor der Liebe kommt, und vielleicht wird auch überhaupt vom Kommen die Rede sein.

SERIE PIPER

Bernd Zeller

101 Gründe, nicht zu studieren

113 Seiten. SP 3168

Tatort Universität – jedes Jahr im Frühling und im Herbst passiert dort dasselbe: Vielversprechende junge Menschen verwandeln sich in Studenten. Statt sich einen anständigen Beruf zu suchen, erliegen sie dem Charme der Alma mater, die ihnen den jugendlichen Kopf verdreht und sie viele Jahre später, total verkorkst, wieder auf die Straße schickt. Niemand habe sie vor dieser Brutstätte der Neurosen und Psychosen gewarnt, sagen sie dann vorwurfsvoll. Doch damit ist jetzt Schluß.

Es gibt genau 101 gute Gründe, nicht zu studieren. Hartnäckige Gerüchte von wildem Studentenleben, von langen Nächten und spätem Aufstehen, von zügellosem Sexleben, prickelnden WGs und viele weitere Irrtümer widerlegt Bernd Zeller in seinem erfrischend frechen Lobgesang auf das Studieren und das Leben danach.

Matthias Sommer, Björn Pfeffermann

101 Gründe, kein Auto zu fahren

115 Seiten. SP 3169

Autofahren ist alltäglicher Wahnsinn, und der hat Methode, wie die beiden Autoren treffsicher zeigen. Klorollen-Häkelmützen und Wunderbäume sind da noch harmlose Beispiele, wenn auch reichlich abschreckende. Das Martyrium des Autofahrers beginnt bereits mit der Fahrschule, die einem in jungen Jahren den Weg in die Scheinwelt des geheiligten Blechs eröffnet – natürlich verbunden mit exorbitanten Kosten für die Erzeuger. Nach erfolgreicher Manövrierung der Eltern in das Tal der Armut nimmt der eigene finanzielle Ruin seinen Lauf. Dabei ist die Anschaffung eines Autos immer noch das kleinste Übel …

Gustave Flaubert

Das Wörterbuch der Gemeinplätze

Nachwort von Julian Barnes. Zwischenblätter von Volker Kriegel. Aus dem Französischen von Gisberth Haefs, Irene Riesen, Thomas Bodmer und Gerd Haffmans. 158 Seiten. SP 3016

In diesem boshaften Wörterbuch hat Gustave Flaubert Klischees, Platitüden und Halbwissen versammelt, mit denen man nicht nur in der besseren Gesellschaft seiner Zeit, sondern auch heute noch Eindruck schinden kann. Beim Stichwort »Autor« heißt es: »Man muß dies und das gelesen haben; von wem, ist nicht so wichtig.« So empfiehlt uns Flaubert etwa auch den Gebrauch von Wörtern wie fulminant (»prima Wort«) und Giraffe (»höfliches Wort, wenn man eine Frau nicht ›Kamel‹ nennen will«) und verrät uns, worüber man sich im Smalltalk entrüsten und worüber man sich lustig machen sollte. Hintergründig entlarvt er seine Zeitgenossen und hält der Gesellschaft den Spiegel vor.

Dietmar Grieser

Kein Bett wie jedes andere

Möbel, die Geschichte machten. 222 Seiten mit 70 Abbildungen. SP 2907

Möbel können Geschichten erzählen, manche haben gar selbst Geschichte gemacht. Dietmar Griese berichtet mit erzählerischer Lust und Freude an unbekannten Details von Schreibtischen, Bücher- und Grammophonschränken, der ersten gläsernen Badewanne und anderen Möbeln, die bedeutenden Persönlichkeiten aus Kunst, Politik und Wissenschaft gehörten. In fünfzig Miniaturen nimmt er sich historischer Möbelstücke an und erforscht deren kulturgeschichtliche Bedeutung, die oft abenteuerliche Geschichte ihres Überdauerns und die Anekdoten, die sich um die kostbaren Gegenstände ranken. Ein originelles Panorama, das einen neuen Blick auf berühmte Menschen wirft.

SERIE PIPER

Arthur Freeman
Rose De Wolf

Die 10 dümmsten Fehler kluger Leute

Wie man klassischen Denkfallen entgeht. Mit einem Vorwort von Aaron T. Beck. Aus dem Amerikanischen von Karin Diemerling.
259 Seiten. SP 2551

Jeder, selbst der Klügste, hat in seinem Leben mal etwas getan, was sich hinterher als dumm herausstellte. Arthur Freeman, einer der bedeutendsten Vertreter der kognitiven Theorie, und die Journalistin Rose DeWolf zeigen in ihrem Buch klassische Denkfehler auf. Sie liegen in unseren Einstellungen begründet und können unser Leben entscheidend prägen. Ob es sich um übertriebenen Perfektionismus oder ewiges Ja-Sagen handelt, um den Hang zum Gedankenlesen statt der offenen Aussprache, um Besserwisserei oder die Sucht nach Vergleichen: Wenn man die Denkfehler erkennt, die unser Handeln und letztlich unser Glück behindern, so Freeman, ist der erste Schritt getan. Damit es bei der Selbsterkenntnis aber nicht bleibt, bietet der Band zahlreiche Lösungsvorschläge an, die einem bei der Umlenkung der eigenen Denkkraft behilflich sind.

Deborah Tannen

Warum sagen Sie nicht, was Sie meinen?

Jobtalk – wie Sie lernen, am Arbeitsplatz miteinander zu reden. Aus dem Amerikanischen von Maren Klostermann und Michael Benthack.
447 Seiten. SP3610

Hatten Sie wieder einmal Schwierigkeiten, Ihre Kritik angemessen zu verpacken? Konnten Sie Ihren Standpunkt in den Gehaltsverhandlungen nicht überzeugend vertreten? Entschuldigen Sie sich manchmal, ohne daß es einen wirklichen Grund dafür gibt? Neigen Sie dazu, Ihre eigenen Leistungen im Gespräch herunterzuspielen? Deborah Tannen untersucht die Muster und Rituale, die solchen und vielen anderen Redesituationen zugrunde liegen. Manche Mißverständnisse lassen sich auf unterschiedliche Gesprächsstile zurückführen, die kulturelle und geschlechtsspezifische Ursachen haben. Deborah Tannens überraschende Einsichten eröffnen neue Perspektiven und zeigen Wege zu einer besseren Kommunikation am Arbeitsplatz.

Walter Gerlach

Das neue Lexikon des Aberglaubens

285 Seiten mit zahlreichen Abbildungen. SP 2796

In unserer modernen technisierten Welt spielt der Aberglaube noch immer eine größere Rolle, als wir uns eingestehen wollen. Viele Menschen glauben an das Walten undurchschaubarer Mächte und suchen im Alltag nach Hinweisen und Zeichen für Glück oder Unglück. Unterhaltsam und kenntnisreich erklärt Walter Gerlach in seinem »Neuen Lexikon des Aberglaubens« den Ursprung, die Geschichte und die Funktion von Symbolen des Guten und des Bösen. Wir erfahren alles Wissenswerte über die Zauberkraft von Alraune, Bilsenkraut und Fingerhut, über Geister, Hexen und Heinzelmännchen, warum wir dreimal auf Holz klopfen, anderen Menschen den Daumen drücken und nicht etwa den Zeigefinger und warum Hufeisen, Schweine und Schornsteinfeger Glück bringen.

Charles Panati

Populäres Lexikon religiöser Bräuche und Gegenstände

Von Altar bis Yin und Yang. Deutsche Fassung von Reinhard Kaiser. 637 Seiten mit zahlreichen Abbildungen. SP 2795

Warum falten Menschen beim Beten die Hände? Was war die Funktion der ersten Altäre? Weshalb gibt es neun Klassen von Engeln? Wer schrieb die Bibel, den Talmud und den Koran? Dieses erhellende, kenntnisreiche und unterhaltsame Lexikon präsentiert das gesamte Spektrum religiöser Themen und Ideen. Charles Panati erläutert, wie sich die fünf großen Religionen – Judentum, Christentum, Islam, Buddhismus und Hinduismus – entwickelten, und untersucht den Ursprung religiöser Rituale und Bräuche, die Gründe von Feiertagen und Symbolen, die Bedeutung von Kleidern, Sakramenten und Gebeten. Eine unerschöpfliche Quelle für alle, die an der Geschichte der Religionen interessiert sind, und ein inspirierender Leitfaden für die Menschen, die ihren eigenen Glauben besser verstehen wollen.

Dirk Maxeiner, Michael Miersch

Lexikon der Öko-Irrtümer

Fakten statt Umweltmythen.
494 Seiten. SP 2873

»Das Klima kippt.« – »Der Wald stirbt.« – »Die Rohstoffe werden immer knapper.« Täglich werden wir mit solchen Schreckensmeldungen konfrontiert. Häufig steckt dahinter jedoch ein Gemisch aus widersprüchlichen oder fragwürdigen Zahlen, aus Annahmen, Schätzungen und unzulässigen Verallgemeinerungen. Die renommierten Journalisten Dirk Maxeiner und Michael Miersch untersuchen rund hundertfünfzig Vorurteile, hinterfragen sie kritisch und lassen kompetente Wissenschaftler zu Wort kommen. Sie plädieren für einen Neuanfang in der Umweltpolitik und empfehlen, die erstarrten Weltbilder durch fröhliche Aufklärung und konstruktive Veränderung zu ersetzen. Sie bringen fundierte Fakten und Zahlen auf den Tisch, die ein erheblich differenzierteres Bild über den Zustand unseres Planeten ermöglichen.

Werner Fuld

Das Lexikon der Fälschungen

Lügen und Intrigen in Kunst, Geschichte und Literatur.
352 Seiten. SP 3011

Fälschung ist, wenn man erwischt wird. Und weil das selten geschieht, ist die Welt voller Fälschungen: Rolex-Uhren, Stradivaris, Münzen, Briefmarken, Hitlers Tagebücher und Shakespeares Manuskripte, Gemälde von Picasso und Skulpturen von Rodin. Werner Fuld präsentiert Lügen und Intrigen in Kunst, Wissenschaft, Geschichte und Literatur, er schildert unterhaltsam und kenntnisreich Hintergründe und Anekdoten, Ungeheures und Unglaubliches über Fälscher, Gefälschtes und ihre Opfer.

»Der Leser staunt und amüsiert sich köstlich – auch darüber, daß einige Fälschungen fast noch origineller wirken als manche Originale. Zumal Werner Fuld ausgesprochen originell, unterhaltsam und kenntnisreich in die Welt der Fälschungen, Plagiate und Erfindungen entführt.«
Deutsche Welle

Walter Krämer, Götz Trenkler

Lexikon der populären Irrtümer

500 kapitale Mißverständnisse, Vorurteile und Denkfehler von Abendrot bis Zeppelin.
411 Seiten. SP 2446

Vorurteile und Irrtümer bestimmen unseren Blick auf die Welt im großen und ganzen, aber auch im kleinen und im besonderen. Die Autoren, renommierte Professoren, zeigen wissenschaftlich belegt und statistisch untermauert, von wie vielen und von welchen Irrtümern wir umgeben sind und wie es sich daneben mit der Wahrheit verhält.
Daß Spinat nicht gesünder ist als sonstige Gemüsesorten, Hamburg mehr Brücken als Venedig hat und Nero nicht grausamer war als andere römische Despoten, hat sich allenthalben herumgesprochen, doch immer noch kursieren Hunderte von weiteren Irrtümern und Mißverständnissen im sogenannten Allgemeinwissen. Die beiden Professoren Walter Krämer und Götz Trenkler rücken in ihrem Lexikon unser verschobenes Weltbild auf höchst amüsante Weise zurecht: So erfahren wir, daß die arabischen Ziffern gar nicht aus Arabien, sondern aus Indien stammen, der Vogel Strauß bei Gefahr gar nicht seinen Kopf in den Sand steckt, heißes Wasser einen Brand schneller löscht als kaltes und Raucher die Gesundheitskasse nicht mehr, sondern weniger belasten, weil sie früher sterben.

»Für den Rezensenten war das Lexikon der populären Irrtümer das erste Lexikon, das er von A bis Z gelesen hat – und das mit dem größten Vergnügen.«
Die Zeit

Walter Krämer

Denkste!

Trugschlüsse aus der Welt des Zufalls und der Zahlen.
188 Seiten. SP 2443

SERIE PIPER

Robert Levine

Eine Landkarte der Zeit

Wie Kulturen mit Zeit umgehen.
Aus dem Amerikanischen von Christa Broermann und Karin Schuler. 320 Seiten.
SP 2978

Um herauszufinden, wie Menschen in verschiedenen Kulturen mit der Zeit umgehen, hat Levine mit Hilfe von ungewöhnlichen Experimenten das Lebenstempo in 31 verschiedenen Ländern berechnet. Das Ergebnis ist eine höchst lebendige Theorie der verschiedenen Zeitformen und eine Antwort auf die Frage, ob ein geruhsames Leben glücklich macht.
Können Sie sich vorstellen, ohne Uhr zu leben? Können Sie auf Pünktlichkeit bei sich und anderen verzichten? Können Sie ruhig und gelassen im Stau stehen, wenn ein wichtiger Termin ansteht? Der Wissenschaftler Robert Levine hat das Verhältnis des Menschen zur Zeit in 31 verschiedenen Ländern untersucht und ebenso ausgeklügelte wie ungewöhnliche Experimente entwickelt, um die Unterschiede im Lebenstempo zu ermitteln. Dabei wird deutlich, daß das Zeitgefühl eines Kulturkreises tiefe Konsequenzen für das körperliche, seelische und soziale Wohlbefinden seiner Menschen hat. Levine beschreibt die »Uhr-Zeit« im Gegensatz zur »Natur-Zeit« – dem natürlichen Rhythmus von Sonne und Jahreszeiten – und zur »Ereignis-Zeit« – der Strukturierung der Zeit nach Ereignissen. Robert Levine glückte ein anschauliches und eindrucksvolles Porträt der Zeit, das dazu anregt, unser alltägliches Leben aus einer anderen Perspektive zu betrachten und ganz neu zu überdenken.

»Eine ausführliche und unterhaltsame Kulturgeschichte, die die Zeitmeßgeräte ebenso behandelt wie den Umgang mit Pünktlichkeit in aller Welt, die Zeit als Machtinstrument oder die Frage, wo bei aller Hektik in Europa la dolce vita geblieben sei.«
Der Spiegel

RAKES
HANDBUCH FÜR LEIDENDE
ISBN 3-931476-36-7

Zehn Autorinnen und Autoren erzählen uns Geschichten übers Leiden – dem hausgemachten, dem zivilisatorischen, dem uns allen täglich begegnenden. Das kleine Kompendium führt Sie durch die Welt des Leidens und eröffnet Ihnen neue Dimensionen. Lassen Sie sich überraschen – und: Gut Leiden!

Leiden erreicht uns alle irgendwann – und es ist immer persönlich. Sei es das Leiden am Leben an sich, das Leiden am Essen, das Leiden an den schlechten Soap-Operas oder das Leiden an der Liebe. Für alle, die gelitten haben, leiden oder leiden möchten, gibt es nun endlich das Handbuch.

MIT GESCHICHTEN VON

Stefanie Claußen (Vegetarierleiden), Roland Griem (Das Leiden der Liebe), Axel Marquardt (Bei uns daheim), Sara Johannsen (Das Leiden der Soap-Fans), Susanne Puls (Leidensdreieck), Stephan Sarek (Ich leide, also bin ich), P.-A. Wagemann (Geheimtipps für Leidende), Thomas Wieczorek (Das Gesellschaftsleiden), Bernd Zeller (Die Erroristen), Gerlis Zillgens (Die ersten Leiden des jungen G.)